GegenSpieler – das sind Biographien und Geschichte(n) aus dem 20. Jahrhundert, das sind Menschen im Wettbewerb der Ideen und Überzeugungen, das sind die Namen und Köpfe zum Zeitalter der Extreme. Ihre Rivalität ist mal wohlwollend, mal unerbittlich, aber verspricht jederzeit Spannung. *GegenSpieler* – das sind auch Phänomene ihrer Zeit, die vor allem in der Auseinandersetzung an Profil gewinnen, denn das eine funktioniert nur bedingt ohne das andere. *GegenSpieler* – das sind immer zwei Seiten derselben Medaille.

Unsere Adresse im Internet: www.fischer-tb.de

1956 stockt den Männern von Paris bis New York der Atem: Mit einer nie dagewesenen Mischung aus Indifferenz, Schamlosigkeit und aggressivem Sex-Appeal schlendert ein junges Mädchen namens Juliette durch ein verschlafenes Dörfchen in Südfrankreich – und setzt mit ein paar Schritten neue Maßstäbe. Sieben Jahre, nachdem **Simone de Beauvoir** mit ihrer legendären Studie *Das andere Geschlecht* das tradierte Bild der Frau als ein männliches und soziales Konstrukt beschrieben hat, startet **Brigitte Bardot** unter dem Label B. B. ihre beispiellose Karriere, die sie zu einer der meist begehrten und angefeindeten Frauen des 20. Jahrhunderts machen wird. Und während Simone de Beauvoir vormachte, wie frau ein Stück des großen Kuchens bekommen kann, veränderte Brigitte Bardot zwar nicht das ganze Rezept, fügte dafür aber einige neue Zutaten hinzu. Fest steht: Simone de Beauvoir und Brigitte Bardot standen für zwei entgegengesetzte weibliche Lebenswelten. Doch dies ist keine Beschreibung einer Feindschaft, sondern eines Kriegs der Frauenbilder, wie ihn beide Frauen nie gewollt und nie geführt haben. Die eine wurde so zum Inbegriff von Frau, die andere erklärte, wie das funktioniert.

Nathalie Hillmanns, Jahrgang 1970, studierte Geschichte, Neue Deutsche Literatur und Politikwissenschaft in Gießen und Duisburg. Sie ist Mitbegründerin des Berliner Journalistinnenbüros OVEST und schreibt u. a. für den *Freitag,* die *Frankfurter Rundschau* und die *Berliner Zeitung.*

GegenSpieler

Nathalie Hillmanns

Simone de Beauvoir

Brigitte Bardot

Fischer Taschenbuch Verlag

Herausgegeben von Claudio Gallio

Originalausgabe
Veröffentlicht im Fischer Taschenbuch Verlag GmbH
Frankfurt am Main, Mai 2000

© Fischer Taschenbuch Verlag GmbH,
Frankfurt am Main 2000
Typographie: Katja von Ruville
Gesamtherstellung: Clausen & Bosse, Leck
Printed in Germany
ISBN 3-596-14734-4

Inhalt

Für Markus

Vorwort

In der Milchbar gab es solche und solche. »Diese ausgekochten Geschöpfe, nach denen die Jungs (...) ihre Köpfe verdrehten. Während
wir, die Lässigen, in schwarzen Hosen und Rollkragenpulli, die
Mundwinkel spöttisch verzogen und ganz Existentialismus und
Rock'n'Roll, ›cool‹ waren, war sie heiß. B.B. war das erste girlie«, erinnert sich Alice Schwarzer. Doch nicht nur durch Wuppertaler
Milchbars verlief Ende der 50er Jahre die unsichtbare Grenze, die
heiße und coole Girls trennte. Die einen hielten sich mit Lidstrich
und Schmollmund für unwiderstehlich, die anderen beriefen sich
auf die Aura einer geheimnisumwitterten Mode, die mit Chanel-
Kostümen nichts am Hut hatte. Existentialistenbräute trugen
Schwarz und das Losungswort der europäischen Jugend auf den Lippen: Freiheit.

Noch gab es keine Frauenbewegung, aber Krieg und Wiederaufbau hatten nichtsdestotrotz Bewegung in die Rollenverteilung
zwischen den Geschlechtern gebracht. Die Jugend verbreitete Aufbruchsstimmung, Revolution lag in der Luft. Die Suche nach Vorbildern begann, und sie konnten in diesen Tagen eine weitaus explosi-
vere Wirkung entfalten, als heute vorstellbar ist.

Brigitte Bardot und Simone de Beauvoir in einem Atemzug zu
nennen, hätte damals kaum jemand gewagt. Und selbst heute, in
Zeiten des *anything goes*, kann der Vergleich Irritationen auslösen.
Zweifellos stimmt, daß beide Frauen, deren Familien sich qua Herkunft und Wertvorstellungen nicht unähnlich waren, als Erwachsene ihre Leben in zwei völlig verschiedenen Milieus führten: die

eine in der Glitzerwelt des kommerziellen und zunehmend internationalen Films, die andere inmitten einer intellektuellen Pariser Elite, um die sich bis heute Mythen und Legenden ranken. Und doch bedienten beide gleichermaßen die Sehnsucht junger Mädchen und Frauen nach etwas, was ihren Müttern meist verwehrt geblieben war: das selbstbestimmte Leben. Beauvoir und Bardot waren zwei konträre Varianten einer weiblichen Erfolgsgeschichte, die jenseits herkömmlicher Rollenmuster ihren Verlauf nahm. Und so soll diese Geschichte, die Geschichte der Beauvoir und der Bardot, auch nicht in den einfachen Kategorien »Trivial- versus Hochkultur« oder »Oberfläche versus Inhalt« abgehandelt werden.

Auf unterschiedliche Weise verletzten beide Frauen Tabus, überschritten Grenzen und weckten die noch vage Hoffnung, die ehernen Gesetze der Rollenverteilung mochten nicht in Stein gemeißelt sein. Das zeitgemäße Mittel hierzu war der Skandal. Simone de Beauvoir lebte unverheiratet an der Seite des Philosophen Jean-Paul Sartre, schrieb Bücher und reiste durch die Welt. Ihr Leben und ihre Literatur waren Ermutigung für intellektuelle Frauen, die ihr Geld selbst verdienen, sich trotz Bindung die persönliche Freiheit bewahren und ihre Träume leben wollten. Die Schriftstellerin Simone de Beauvoir lieferte mit *Das andere Geschlecht* nicht nur eine genaue Analyse der Frau als relatives Wesen in einer von Männern dominierten Welt, sondern beschrieb in ihren Büchern auch detailliert ihre Kindheitsgeschichte, ihre Kämpfe an der Seite Jean-Paul Sartres, ihren Alltag und ihre Liebesgeschichten. Wie keine andere Autorin erhob sie den Anspruch, Leben und Arbeit seien *eins*.

Brigitte Bardot hingegen war der Skandal auf den Leib geschrieben. Sie belebte die Phantasie der Männer als das entfesselte Weib schlechthin, was ihr keinen sonderlich guten Start als Vorbild für die Befreiung der Frau bescherte. Erst als sich zeigte, daß sie den Männern mit einer nie dagewesenen Mischung aus Ignoranz und Sex-Appeal begegnete – und noch dazu öffentlich bekannte, daß sie niemals eine gute Mutter sein werde –, blitzten die Ambivalenz und Widerborstigkeit ihres Charakters auf. Auch für sie galt, daß es keinen Unterschied zwischen öffentlichem und privatem Leben gab. Ihre zahlreichen Affären und Selbstmordversuche schienen nur Fortsetzung der immer gleichen Rollen zu sein, die sie in ihren Filmen spielte: das männerverschlingende, zugleich an ihrem Freiheitswunsch verzweifelnde Biest, das mit dem Kopf durch die Wand will. Koste es, was es wolle.

Simone de Beauvoir machte ihr Leben als Schriftstellerin zur Grundlage ihres Werks. Wie kaum eine andere Autorin bot sie scheinbar lückenloses Material über sich und ihre Vita an. Sie schrieb fünf Memoirenbände, autobiographische Romane, und später wurde ein guter Teil ihrer Briefe an Sartre und ihren Geliebten Nelson Algren veröffentlicht. Dies wiederum veranlaßte zahllose Autorinnen und Autoren, dieses in jedem Winkel ausgeleuchtete Leben zu analysieren, nachzuerzählen, zu kommentieren.

Der Texte- und Bücherstapel über Simone de Beauvoir steht einer Flut von Bildern gegenüber, die Brigitte Bardot zu einer der meistfotografierten Frauen des 20. Jahrhunderts gemacht haben. Bilder aus ihren Filmen, aus der Presse und aus hochglänzenden Fotobänden. Die Biographien, die über sie geschrieben wurden, kolportieren mit Vorliebe Skandalgeschichten aus den Regenbogenblättern. Ihre Autobiographie, die sie 1996 schrieb, bemüht sich, die schlimmsten Lügengeschichten aus der Welt zu räumen, und spricht daher die durchgängig defensive Sprache einer Frau, die von manchem ihrer Selbstmordversuche erst aus der Zeitung erfuhr.

Die Quellen für dieses Buch waren demnach sehr abwechslungsreich, einander nicht immer ebenbürtig, aber um so aufschlußreicher für die Beschreibung zweier Leben, die in Paris, dem damaligen Zentrum der kulturellen und intellektuellen Avantgarde, ihren Schauplatz fanden.

Simone de Beauvoir und Brigitte Bardot stehen für zwei sehr unterschiedliche weibliche Lebenswelten, was sie zu Gegensätzen im besten Sinne macht. Gegnerinnen waren sie nie. Dies ist keine Beschreibung einer Feindschaft, sondern eines Kriegs der Frauenbilder, wie ihn beide Frauen nie gewollt und nie geführt haben. Die eine wurde so zum Inbegriff von Frau, die andere erklärte, wie das funktioniert.

Die Bilder von Brigitte Bardot und Simone de Beauvoir, die sich vor allem in den Köpfen der Frauen festgesetzt haben, scheinen heute präsenter zu sein als ihre Bücher und Filme. Die arbeitende Schriftstellerin im Café de Flore und die langmähnige, braungebrannte, halb nackt am Strand von Saint-Tropez liegende B.B. sind heute kaum mehr als Klischees. Aber sie drücken eine sehr unterschiedlich, wenn auch ähnlich intensiv gelebte weibliche Freiheit aus, die Frauen wie Simone de Beauvoir und Brigitte Bardot damals erkämpft haben.

1. Das Bild erschuf die Frau – Brigitte Bardot, Simone de Beauvoir und das kollektive Gedächtnis

»Das Bild ist unwiderruflich, es hat immer das letzte Wort; kein Wissen kann ihm widersprechen, es zurecht-rücken, es verfeinern.«

Roland Barthes

»Die Geschichte ist aus Wahrheiten gemacht, die zu Lügen werden, die Mythologie aus Lügen, die zu Wahr-heiten werden.«

Jean Cocteau

Juliette geht, wie eine Frau nur gehen kann. Sie hebt kaum die Füße vom Boden, doch wie von unsichtbaren Fäden gehalten bewegt sich ihr Becken beim Schlendern auf und ab, und wenn sie sich umdreht, wendet sie zuerst den Oberkörper, um dann erst ihren Hintern mitzunehmen. Sie geht eine Spur zu langsam, als hielten sie die Fäden stets nach oben fest und jede Vorwärtsbewegung einer Anstrengung bedürfe. Ihr Körper reckt sich himmelwärts, der Kopf mit dem langen blonden Haar, das ihren Rücken bedeckt, schließt ihre Gestalt ab wie die Krone einer Königin. Doch sobald die Kamera ihr Gesicht so nah zeigt, daß sie ihren Blick erfaßt, ist jegliche Hoheit verflogen. Juliettes Blick ist leer, so leer, daß alles daran abperlt, was sich ihm bietet.

Der vollbesetzte Bus hält neben ihr auf der menschenleeren Landstraße. Der Fahrer öffnet die Tür und schaut auf die junge Frau hinunter, die ihr Fahrrad neben sich her schiebt und ihm mit einer Handbewegung signalisiert hat zu halten. »Ich bin platt«, sagt sie. Er verwandelt die Vorlage souverän: »Na so was, davon sieht man ja gar nichts.«

Solche Sprüche kassiert sie am laufenden Band – nichts Ungewöhnliches für die schönste Frau im Dorf. Sie hat viele Verehrer, junge und alte, kluge und einfältige, unverschämte und schüchterne. Sie macht keine Unterschiede, sondern behandelt alle gleich: wie blöde Jungs. In der Dorfdisco wird einer aggressiv, als sie auf eine Aufforderung zögerlich reagiert: »Na, was ist jetzt, soll ich hier Wurzeln schlagen?« Mit einer Juliette redet man so nicht. »Ich

komm vorbei und gieß dich«, antwortet sie und schlendert unge-
rührt vorbei. So vergehen ihre Tage.

Es gibt einen Fremden im Dorf, einen reichen älteren Geschäftsmann, der aus dem verschlafenen Fischerdörfchen an der Côte
d'Azur eine Touristenattraktion machen will. Er ist Deutscher, trägt
feine Anzüge und lebt auf einer Jacht. Er behandelt Juliette respekt-
voller als die anderen. Er sagt Sätze wie: »Wenn man so einen Mund
hat wie du, kann man haben, was man will.« Und: »Jemand muß
seine Freiheit opfern, damit sie ihre Freiheit behalten kann.« Denn
Juliette muß weg, sie ist den anderen, besonders den Frauen im
Dorf, ein Dorn im Auge. Das Weib macht alle Männer verrückt, ist
faul und unmoralisch. Sie lebt in den Tag hinein und sonnt sich. Ihre
Haut ist braun, der Sand weiß, der Himmel blau. Juliette ist eine
Frau mit vielen Farben, aber ohne Geschichte. Niemand weiß, wer
sie ist, woher sie kommt, wohin sie gehen wird. Das Nest gerät in
Aufruhr, wenn Juliette barfuß und nur mit einem Kittel bekleidet
durch die engen Gassen geht. Es kümmert sie nicht. Sie hat keine
Interessen, kein Ziel, sie ist ganz Weib, das reicht. Eine Dame vom
Erziehungsamt rät ihr mit Verschwörermiene, sich ein Attest zu besorgen. »Wofür?« fragt Juliette. »Um deine Jungfräulichkeit zu be-
scheinigen.« Juliette reckt ihr den Busen entgegen und entgegnet mit
gespitzten Lippen: »Ich wußte nicht, daß die Liebe eine Krankheit
ist.« Für die Dorfbewohner steht fest: Nur eine Heirat kann sie retten.

Sie liebt Antoine, den ältesten Sohn einer verarmten Bootsbauer-
familie. Doch der hält sie für eine, die man nur erobert, um sie später
beschimpfen zu können, sie habe sich allzu leicht flachlegen lassen.
Sein jüngerer Bruder aber, der schüchterne Michel, will sie haben.
Vor seiner Heirat warnt ihn der Pastor: »Überleg es dir, dieses Mädchen ist wie ein junges Tier. Sie braucht eine feste Hand.« Jeder weiß,
daß es schiefgehen muß. Und so prügelt er sich noch auf dem Heim-
weg von der Kirche, weil seine junge Braut selbst im bauschigen
weißen Kleid mit Rüschenkragen so sexy aussieht, daß die Kerle
johlen und pfeifen, wenn sie an ihnen vorbeigeht. Sie ist und bleibt
eine Hure. Juliette ist das egal. Auch als verheiratete Frau bleibt sie
eine Schlampe voller Anmut und Sex. Nichts und niemand kann ihr
etwas anhaben. Sie bleibt, was sie ist: die andere.

»Und immer lockt das Weib« (»Et Dieu créa la femme«) kommt 1956
in die Kinos und ist eine *self-fulfilling prophecy* So wie aus dem ver-

schlafenen Drehort an der Côte d'Azur später die Touristenfalle Saint-Tropez werden wird, so wird Juliette das Alter ego jener Frau bleiben, deren Initialen B.B. von nun an Markenzeichen sind. Brigitte Bardot wird die Juliette in allen weiteren Filmen spielen, die ihr angeboten werden – in höchst unterschiedlicher Qualität zwar, aber sie wird ihr treu bleiben. In einigen Filmen wird sie die Kindfrau geben, mit Schnute und dem Blick eines überraschten Tieres, das sich mitten auf einer nächtlichen Landstraße vor den Scheinwerfern eines Autos wiederfindet. In anderen wird das Böse aufblitzen, das bei Brigitte Bardot als Mischung aus Trägheit und interesseloser Leidenschaft daherkommt. Berühmte Regisseure werden ihr ein paar weitere Facetten, ein paar Tiefen und einige Widersprüche entlocken, aber im wesentlichen wird sie das Weib bleiben, das mit allen Attributen ausgestattet ist, die vor ihr noch keine öffentliche Frau in sich vereint hat: natürliche Schönheit, aggressive Sinnlichkeit, hochnäsige Schamlosigkeit. Im richtigen Moment entfährt ihr wie zufällig eine schneidende Bemerkung, die den Männern übers Maul fährt. Sie wechselt übergangslos von der Rolle der Beute in die der Jägerin, von der Begehrten zur Begehrenden. Und all dies geschieht mit größter Selbstverständlichkeit, als gebe es in der bigotten Welt der 50er Jahre kein einziges Tabu mehr. Es reicht, wenn sie die Lippen schürzt, und kein Mann kann sich mehr retten.

Der Schriftsteller Jean Douchet erinnert sich 1996 in einem Fernsehinterview an »Und immer lockt das Weib« wie an eine Initiation: »Plötzlich sah ich, was ich im Film noch nie gesehen hatte. Man sah ganz unmittelbar und direkt die Freiheit eines Körpers, was noch nie Gegenstand eines Films gewesen war. Die Körper im Film wurden bis dahin gestaltet, künstlich hergestellt. Die Schauspielerinnen sollten einen bestimmten Persönlichkeitstyp darstellen, dessen Stil, dessen Genre sie hatten, (…) um die Phantasien der Männer anzuregen. Bardot warf das alles über den Haufen. Was sie an Phantasien auslöste, führte dazu, daß die Männer plötzlich nicht mehr die gleichen Anhaltspunkte hatten, und daß mit ihr diese Codes radikal durchbrochen wurden.«

Anfangs reagieren die französischen Kritiker und selbst das Kinopublikum auf den Champs-Élysées zurückhaltend; der Film wird nach kurzer Zeit abgesetzt und spielt nicht einmal die Produktionskosten ein. Doch die Amerikaner rennen kurze Zeit später wie ver-

»Jemand muß seine Freiheit opfern, damit sie ihre Freiheit behalten kann.« Brigitte Bardot alias Juliette richtet sich vor Jean-Louis Trintignant in »Und immer lockt das Weib« auf: voller Anmut und Sex, der Blick leer, aber ständig bereit, von der Beute zur Jägerin des anderen Geschlechts zu werden.

rückt in die Kinos, um das französische Weibsbild zu sehen, das allen Menschen von Louisiana bis North Dakota klarmacht, daß in Frankreich die Frau neu erfunden wurde. Acht Millionen amerikanische Kinobesucher schauen sich im Herbst 1956 diese Frau an, die sich nimmt, was sie will – und die sich um die verbrannte Erde nicht zu kümmern scheint, die sie hinterläßt. Brigitte Bardot alias Juliette legt sich mit den Moralvorstellungen der bürgerlichen Welt an und gibt sich dabei unschuldig wie die Jungfrau nach der unbefleckten

Empfängnis. Die Wächter der öffentlichen Meinung laufen Sturm und werden dabei ungemein erfinderisch. Ein Priester im amerikanischen Bundesstaat New York will alle Kinokarten der Stadt aufkaufen, um seine Gemeinde daran zu hindern, »Und immer lockt das Weib« zu sehen. Als ihm das Geld ausgeht, verfällt er auf eine preisgünstigere Variante, um das Seelenheil seiner Schäfchen zu erhalten: Er droht allen Kinobesuchern, die noch eine Karte für den Film ergattert haben, mit Exkommunikation. In Dallas, Texas, wird Schwarzen der Besuch des Films rundweg verboten, da man befürchtet, sie könnten ihr ohnehin stets brodelndes Blut beim Anblick der Bardot nicht länger im Zaum halten und auf dem Nachhauseweg vom Kino weiße Frauen belästigen.

Die Welle gelangt schließlich über den Atlantik zurück, und bald verdrängt die Bardot auch in ihrer Heimat Politik als Gesprächsthema Nummer eins. Aufmerksame Zeitgenossen kommen für das Jahr 1957 auf erstaunliche Zahlen: Angeblich handelten 74 Prozent der Unterhaltungen von B.B., und oft muß sie in einem Atemzug mit den unrühmlichen Nachrichten aus dem Algerienkrieg genannt worden sein, denn immerhin fielen noch 41 Prozent für tagespolitische Themen ab.

In England jagt eine Jubelkritik die nächste, und schließlich setzt der Kritiker Matt White im »Daily Sketch« in guter britischer Tradition sein letztes Hemd: »Ich wette einen Überzieher gegen einen Bikini, daß dieser Film seinen Star zur Miss Sex des Universums machen wird.«

Den Männern in den Redaktionen und in den Kinosälen stockt der Atem. Vielen Frauen hingegen sind die Leinwandeskapaden der Bardot suspekt: »Ich war wie vor den Kopf gestoßen«, erinnert sich 1996 die Journalistin Eliane Victor. »Wir Frauen waren über ihr Verhalten schockiert, sogar über ihr Verhalten auf der Leinwand, nicht nur im Leben. (…) Es war ein Schock, eine Frau zu sehen, die sich auf diese Weise anbot. Uns Frauen gefiel das nicht so besonders.«

Brigitte Bardot schlägt mit dem Erfolg von »Und immer lockt das Weib« zugleich ein schneidender Wind der Verachtung ins Gesicht, der in diesen Zeiten Frauen gilt, die Sexualität mit Lust verwechseln. Sie ist weit davon entfernt, den Fehdehandschuh aufzunehmen. Im Gegenteil, sie versteht die Aufregung nicht. Immerhin führt sie 1957 zumindest äußerlich noch das Leben vieler Frauen: Sie ist 22 Jahre alt und seit vier Jahren verheiratet. Die Ehe ist nicht das, was sie sich erträumt hat, aber sie bürgt für ein Leben unabhängig vom Einfluß der Familie. Noch viele Jahre später, als sie mit 60 Jahren ihre Memoiren schreibt, ist ihre Lust zu spüren, mit den Spießbürgern abzurechnen. Die aber lassen sie stets wissen, daß sie eine von ihnen ist. Und Nestbeschmutzer mag man nicht. »Erziehung und Schicklichkeit existieren nur, weil es Leute gibt, die sie erfunden haben. Ich habe das Gegenteil erfunden. Und da ich durch kein ›Das tut man nicht!‹ mehr gezügelt wurde, tat ich genau das, was ›man nicht tut.‹«

»Und immer lockt das Weib« macht Brigitte Bardot zum internationalen Star. Von nun an ist sie das »Sex-Kitten« aus Frankreich und bringt ihrem Land mehr Exporterlöse ein als die altehrwürdige Marke Renault. Doch der Erfolg kam keineswegs über Nacht. In den vier Jahren zuvor hat sie in 16 Filmen mitgespielt, darunter italienische Kostümschlachten, amerikanische Durchschnittsproduktionen und französische Schmachtstreifen. Sie hat das Handwerk gelernt, widerwillig, aber gründlich, obwohl sich alle Kritiker immer einig sein werden, daß diese Frau alles ist, nur eines nicht: Schauspielerin.

Das Märchen kann beginnen. Aus der hübschen Balletteuse aus gutem Hause wird ein verruchter Star, der sich um Konventionen nicht schert. Als Symbolfigur für die befreite Frau gibt man sie zum Abschuß frei.

Die dunkelhaarige Frau scheint ein festgestecktes Ziel vor Augen zu haben. Ohne nach rechts und links zu sehen, scheint ihr Blick einen Punkt am Horizont fixiert zu haben. Sie hält den Kopf auffallend gerade, während sie in regelmäßig schnellen, aber keineswegs hastigen Schritten über das regennasse Kopfsteinpflaster läuft. Ihre Frisur und ihre Kleider verraten die Mode der 40er Jahre, aber kein Alter. Die Sonne hat sich vor die Wolken geschoben und verleiht den grauen Häusern einen freundlichen Schimmer. Achtlos steigt die Frau über Pfützen, überquert entschlossen Kreuzungen, als ginge sie vor einer Bluebox auf einem Laufband, während hinter ihr die Fassaden der Pariser Bürgerhäuser vorbeiziehen. Alles deutet darauf hin, daß die Frau diesen Weg nicht zum ersten Mal geht. Sie muß nicht stehenbleiben, um sich zu orientieren, die Auslagen der Läden bieten ihr nichts, was sie nicht schon wüßte. Sie biegt um eine Ecke. Ohne ihren Schritt zu verlangsamen betritt sie ein Café und steuert auf einen leeren Tisch im hinteren Teil des verrauchten Raumes zu. Erst hier bleibt sie stehen.

Sie schiebt sich auf die Holzbank hinter dem Tisch, von der aus sie das ganze Lokal überblicken kann. Links neben ihr erhebt sich eine schulterbreite Holzwand, die zwar noch Blickkontakt zum Tischnachbar ermöglicht, aber dennoch für Intimität sorgt. Die Plätze zu ihrer Rechten sind leer. Sie packt einen Stapel Papiere aus, legt sie auf den Tisch und kramt nach einem Stift und Zigaretten. Mit konzentrierter Miene beugt sie sich über das Papier und greift ohne noch einmal hochzusehen nach ihrem Stift. Der zweite Griff gilt der Zigarettenschachtel. Ein Kellner stellt ungefragt ein kleines silbernes Tablett vor sie, auf dem eine Kaffeetasse und ein Kännchen Milch stehen. Sie blickt kurz hoch und widmet sich wieder dem Stapel beschriebener Bögen. Durch das große Fenster hinter ihr scheint die Sonne hinein und verleiht ihrem Gesicht einen sanften Schatten, während die Lichtstrahlen rund um ihre ordentlich hochgesteckten Haare tanzen. Die Frau arbeitet.

Die Filmemacher Karl-Heinz Götze und Ralph Quinke haben diese Szenen in dem 1998 von Arte produzierten Fernsehporträt über Simone de Beauvoir nachgestellt. Aber selbst das Beauvoir-geschulte Auge erkennt die Täuschung erst auf den zweiten Blick. Die Szenen scheinen vertraut, obwohl nie zuvor gesehen, denn sie liefern nur das Bild einer Schriftstellerin, das das kollektive Gedächtnis mehrerer Generationen gespeichert hat. Immer wieder haben Millionen Leserinnen die Szenen im Kopf ablaufen lassen, wenn sie in den Büchern Simone de Beauvoirs von ihrem Leben in Paris, ihrer Arbeit in den Cafés von Saint-Germain-des-Prés und ihrer Beziehung mit Jean-Paul Sartre erfuhren. Diese Frau bedeutet ihnen in den 1960er und vor allem in den 70er Jahren mehr als jede andere Autorin. Sie sehen in ihr ein Vorbild, eine Heldin und Kämpferin für das selbstbestimmte weibliche Leben. Simone de Beauvoir ist nicht nur eine öffentlich denkende und schreibende Frau, sondern steht beispielhaft für einen Lebensentwurf, der frei zu sein scheint von allen Widrigkeiten, denen frau sich in jenen Zeiten vergeblich zu entledigen sucht. In der Filmszene der arbeitenden Simone de Beauvoir im Pariser Café de Flore gerinnen alle Sehnsüchte nach einem gleich-

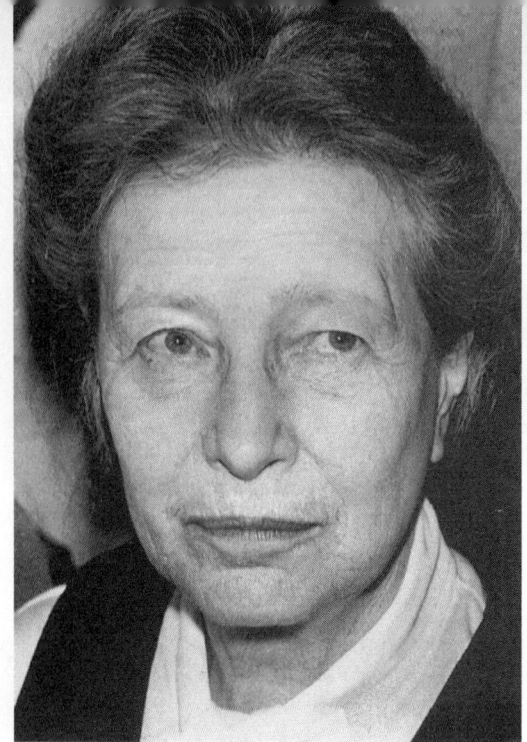

In Simone de Beauvoir gerannen alle weiblichen
Sehnsüchte der 60er und 70er Jahre nach einem
gleichwertigen, befreiten, authentischen weiblichen Leben
zu einem Andachtsbild, das manche Frauen bis heute im
Geiste anbeten.

wertigen, befreiten, authentischen weiblichen Leben zu einem Andachtsbild, das manche Frauen im Geiste anbeten, wenn sie selbst –
trotz frisch zugestandenen Bildungsmöglichkeiten und Wahlrecht –
im Alltag die Erfahrung machen, Menschen zweiter Klasse zu sein.

  Vor allem Frauen der *middle class* lesen in der Nachkriegszeit die
Bücher Simone de Beauvoirs – abends wenn die Kinder im Bett liegen und nachdem sie das Fleisch für das Mittagessen am nächsten

Tag zum Auftauen aus der Gefriertruhe genommen haben. Viele von ihnen sind zur Universität gegangen, die sich im nachhinein doch nur als Eheanbahnungsstätte entpuppt hat. Während ihre Ehemänner an einem Doktortitel basteln, sind sie zum zweiten Mal schwanger und behaupten tapfer, jetzt endlich in Ruhe all die Bücher lesen zu können, die sie aus Zeitnot immer hatten liegenlassen müssen. Manchen von ihnen gerät Betty Friedans Buch *Der Weiblichkeitswahn* (*The Feminine Mystique*) in die Hand, das 1963 erscheint und den weiblichen Alltag in amerikanischen Vororten beschreibt. Hier widmen sich nach dem Krieg Tausende von Frauen nach dem Erwerb ihres College-Zertifikates dem Aufbau und der Pflege des trauten Heims. Betty Friedan geht nicht zimperlich mit ihren Leserinnen um, denen sie auf den Kopf zusagt, sie brächten »ihre Tage mit einer Arbeit zu (...), die eine Achtjährige erledigen könnte«. Das Buch wird später ebenso wie Simone de Beauvoirs Untersuchung *Das andere Geschlecht* zum Klassiker der Frauenbewegung, weil sich Hausfrauen und Mütter der Mittel- und Oberklasse darin wiedergefunden haben: »Viele Jahre lang lag das Problem den amerikanischen Frauen unausgesprochen im Sinn. Es war eine seltsame Erregtheit, ein Gefühl der Unzufriedenheit, eine Sehnsucht, worunter die Frauen in den Vereinigten Staaten um die Mitte des 20. Jahrhunderts litten. Jede der in den Vororten lebenden Ehefrauen kämpfte für sich allein dagegen an. Wenn sie Betten machte, einkaufen ging, Stoff für neue Schonbezüge ausmaß, mit ihren Kindern Erdnußbutterbrote aß oder sie mit dem Auto zu ihren Pfadfindergruppen brachte, wenn sie nachts im Bett lag – immer scheute sie sich, die leise Frage zu stellen: ›Ist das alles?‹«

Wenn diese Frauen in jenen Tagen von dieser Französin hören, die unverheiratet, aber dennoch geliebt, Bücher schreibt und ihr Leben im existentialistischen Sinne »selbst entwirft«, wird so mancher Stoßseufzer über den Atlantik geschickt. Simone de Beauvoir scheint in einer Welt zu leben, die abwechslungsreich, spannungsgeladen und fordernd ist. Doch wo liegt dieses Frauenparadies? Genaugenommen umfaßt es nur ein paar Straßenzüge am linken Seine-Ufer im Pariser Stadtteil St.-Germain-des-Prés, das sich in der Nachkriegszeit erneut zu einem sagenumwobenen Ort, zum »Mekka der Intellektuellen« entwickelt. Bereits in den 1920er und 30er Jahren war die sogenannte *Left Bank* zu einem Zentrum der weiblichen

Moderne avanciert, in dem »Amazonen und Sirenen« (André Germain) à la Djuna Barnes, Colette und Natalie Clifford Barney Kolonien der freien Liebe und eine Kultur des literarischen Salons etabliert hatten. Nach der Befreiung von den Deutschen leben hier Menschen, die sich gerne schwarz kleiden, sich zum Glauben an den Existentialismus bekennen und extrem selbstmordgefährdet sind. Das nahe Ende ständig vor Augen genießen sie das Leben – so lange, bis die nächste Enttäuschung in Sachen romantische Liebe oder eine weitere Enthüllung aus dem XX. Parteitag der KPdSU endgültig den Abschied von der erträumten Welt einläuten. Sie treffen sich in Cafés, die heute noch existieren und vor denen Reiseführer warnen, da man dort am Anfang des neuen Jahrhunderts nur noch aufgeregte Studentinnen aus Minnesota oder Osaka trifft, die Aschenbecher klauen wollen, um sie als Andenken an Simone de Beauvoir mit nach Hause zu nehmen. Die Kellner sind folglich unterkühlt, die Preise happig.

Damals aber, in den Jahren nach dem Krieg und bis weit in die 60er Jahre hinein, sind Le Dôme, Les Deux Magots und eben das Café de Flore Orte, an denen Menschen zusammenkommen, die sich über den Fortgang der Welt, die Kunst und die Liebe unterhalten. Es geht hier keineswegs demokratisch zu: Entweder man gehört dazu, oder man bleibt bestenfalls ehrfurchtsvoll stummer Zuschauer. Nur sehr Mutige wagen es, sich an die prominenten Tische mit den illustren Schwarzgekleideten zu setzen und mitzudiskutieren.

Der Schweizer Publizist François Bondy gehörte offenbar nicht zum Kreis der Geweihten. Aber, so schreibt er 1954 in einem Artikel für die *Welt*, er habe immerhin jahrelang seinen Morgenkaffee »neben Madame Simone de Beauvoir« getrunken. »Nie hätte ich gewagt, die dunkel gekleidete Dame, deren Züge von strenger Schönheit waren, anzureden. Denn sie saß und schrieb – Stöße von Blättern häuften sich vor ihrer Untertasse, nichts lenkte sie ab. So entstanden vor meinen Augen – wenigstens bildete ich es mir ein – Tausende von Seiten: *Das Zweite Geschlecht*, (Bondy übersetzt hier wörtlich den französischen Buchtitel, Anm. d. Verf.) eine schonungslose psychologische und soziale Studie der Frau als ›unterdrückte Klasse‹, dann das amerikanische Tagebuch, wer weiß wie viele Romane und auch Theaterstücke, die Beachtung fanden.«

Die schreibende Beauvoir ist in den 50er Jahren eine Ausnahmeerscheinung, die von den Männern allerdings nicht immer so respektvoll behandelt wird, wie es die Beschreibung Bondys suggeriert. Die Herren in den Feuilletons halten sie keineswegs für eine eigenständige oder ernstzunehmende Schriftstellerin und nennen sie in ihren Rezensionen ausnahmslos in einem Atemzug mit Jean-Paul Sartre. Die beiden sind nicht verheiratet, aber Simone de Beauvoir bekommt in der Presse dennoch seinen Namen verpaßt: Man bezeichnet sie als die »Grande Sartreuse« oder, der Einfachheit halber, als »Madame Sartre«. Diesen Titeln haftet immerhin – trotz des inhärenten Spotts – ein gewisser Respekt an, doch wenn es um ihre Bücher geht, sind die Urteile der zeitgenössischen Meinungsmacher weniger zurückhaltend. Als ihr Roman *Die Mandarins von Paris* 1956 in Deutschland erscheint, zeigt sich Günter Blöcker im *Tagesspiegel* am Ende seines Verrisses plötzlich besorgt: »Was bleibt, ist die Person der Verfasserin selbst, ist der rührende Eindruck der Überforderung. Mit Recht hat man darauf hingewiesen, daß dieses Buch von einer Sache handelt, zu der seine Autorin überhaupt keine Beziehung habe, daß es ein durchaus unpolitisches Buch ist, worin ununterbrochen von Politik geredet wird.« Der Autor scheut sich nicht, seinem Abscheu vor dem unkundigen Weib im *Pluralis majestatis* Ausdruck zu verleihen: »Wir möchten nicht so unhöflich sein, diese Anmerkung auch auf seine beiden anderen Themen, Liebe und Philosophie, auszudehnen. Auffallend ist jedenfalls, wie stark die bürgerlichen Sehnsüchte des mondänen Blaustrumpfes hervortreten.«

Ihre bourgeoise Herkunft wird Simone de Beauvoir immer wieder zum Vorwurf gemacht, und so mancher Linker kann damit einen Punktsieg erringen. Die Frauen aber, die in diesen Zeiten – die Alice Schwarzer »die Nacht (…) vor der Frauenbewegung« nennt – ihre Bücher lesen, kommen meist aus dem gleichen Milieu wie sie, und nur wenige haben bisher daraus eine Erfolgsgeschichte machen können. In ihren Augen hat Simone de Beauvoir es einfach geschafft. Sie arbeitet nicht nur und verdient damit tatsächlich ihren Lebensunterhalt, sie kann es auch noch genießen! Denn was sollte es anderes sein, als eine Lustvariante von Arbeit, wenn sie statt in einem drögen Studierzimmer im angesagtesten Café von Paris, mitten unter den aufregendsten Leuten, die Europa in dieser Zeit zu bieten hat, ihre Bücher schreibt? Zwar schreibt sie nur während der Kriegszeit am legendären Tisch im Café de Flore, weil das schäbige Hotelzimmer, in dem sie wohnt, ungeheizt und daher bitterkalt ist. Doch solche Details tun der Mythenbildung keinen Abbruch. Und wenn schon: Die Frau lebt alleine in einem Hotel!

Auf der anderen Seite des Flurs bewohnt nach dem Krieg Jean-Paul Sartre ein Zimmer. Die Wohnsituation dieses intellektuellen Traumpaares – getrennte Zimmer unter einem Dach – bietet Stoff für den zweiten großen Mythos, der das Bild Simone de Beauvoirs in der Nachkriegszeit bestimmt: Sie hat es geschafft, ihre Eigenständigkeit als Frau zu bewahren, indem sie die Liebe ihres Lebens auf Distanz hält. Sie ist ein Leben lang Geliebte und damit in der angenehmsten Rolle, die eine Frau für einen Mann spielen kann. Allen anderen Rollen entzieht sie sich, indem sie sich weigert, mit Sartre in einer Wohnung Tisch und Bett zu teilen. Sie verfügt über ihr eigenes Bett, in das sie – falls ihr danach ist – auch einen anderen Mann einladen kann. Bei Sartre wird später ein zweiter Schreibtisch stehen, an den sie sich jederzeit setzen kann, aber nicht muß. Diese Frau, die alles für ihn getan hätte, wird sich nie dabei ertappen, wie sie die Socken des geliebten Wesens wäscht. Nie wird sie das Falsche kochen, denn die beiden essen in Restaurants. Sie gehen gemeinsam auf Reisen, und Rom wird ihr zweites Zuhause, und daheim in Paris gibt es nie eine gemeinsame Adresse.

Der geheimnisvolle Pakt dieses Paares – die »einander in ihrem ständigen Gedankenaustausch so genau widerspiegelten«, wie Lionel de Roulet, Ehemann von Simone de Beauvoirs Schwester Hélène, einmal bemerkte – bildet für die intellektuellen Frauen der Nachkriegszeit und später in den 70er und 80er Jahren den Gründungsmythos der freien Liebe. Was kaum eine schafft, scheint dieser Frau gelungen zu sein: Ohne Netz und doppelten Boden, ohne die Sicherheit eines Trauscheins, ohne das verbindende Glied gemeinsamer Kinder bindet sie ein Leben lang *ihren* Mann an sich. Selbst die Existenz anderer Frauen und Männer im Leben der beiden tut dem Mythos zunächst keinen Abbruch. Im Gegenteil: Die Geliebten, die kommen und gehen, sichern gerade die Aufrechterhaltung der Freiheit inmitten eines unverbrüchlichen Lebensbundes, der auf anderen Regeln beruht als auf denen des bürgerlichen Gesetzbuches.

Erst später, nach dem Tod Sartres und de Beauvoirs in den 1980er Jahren, werden ernstzunehmende Zweifel an diesem Lebens- und Liebeskonstrukt laut werden. Vierzig Jahre lang aber gelten sie als das Königspaar der Intellektuellen. Und Simone de Beauvoir ist das konstituierende Element. Männer wie Jean-Paul Sartre, denen aufgrund ihrer buchstäblich verführerischen Popularität die Frauen zu Füßen lagen, hatte es in der Geschichte der Literatur wie Sand am Meer gegeben. Aber eine Frau wie Simone de Beauvoir war die erste, die ihre Unabhängigkeit gegen einen so übermächtigen Geist wie Sartre bewahren und dabei über ihn hinaus wachsen konnte. Er war ein bedeutender Mann. Sie ist Ikone.

2. Höhere Töchter auf Abwegen – Kindheit und Jugend zweier Mädchen aus gutem Hause

»Der Zweifel nagte an mir: War ich
vielleicht adoptiert? Ich sah niemandem in der Familie ähnlich, ich war zu
häßlich, die anderen zu schön.«
Brigitte Bardot

»Simone hat das Hirn eines Mannes,
Simone ist ein Mann.«
Georges de Beauvoir

Georges und Françoise Bertrand de Beauvoir bekommen am 9. Januar 1908 ihr erstes Kind Simone. Sie sind seit einem Jahr verheiratet, und das Glück des bürgerlichen Traumpaares scheint makellos zu sein. Der 29jährige Georges hat sich mit seiner 20jährigen Frau in der Nähe des Jardin du Luxembourg am Pariser Boulevard du Montparnasse niedergelassen. Ihre Wohnung bietet einen repräsentativen Salon, mehrere Schlafräume und ein Arbeitszimmer mit einer gut sortierten Bibliothek für Georges. Die Ehe ist zwar von den Eltern arrangiert worden, doch Françoise ist dennoch sehr verliebt in ihren charmanten, redegewandten und gutaussehenden Ehemann, der aus einer adeligen Familie stammt. Sie selbst stammt aus Verdun und ist die Tochter des Bankiers Gustave Brasseur, der in diesen Tagen Schlagzeilen macht und das Glück der jungen Familie zur Farce werden läßt.

Die Gläubiger stürmen die Bank ihres Vaters und finden leere Depots vor. Gustave Brasseur kommt ins Gefängnis, verliert sein gesamtes Vermögen und die Familie ihre Ehre. Er hatte dies wohl vorausgeahnt und seine zweite Tochter Françoise kurz zuvor in die Ehe mit dem jungen Mann aus gutem Hause manövriert. Georges hingegen glaubte, mit der Bankierstochter die Lösung seiner finanziellen Probleme gefunden zu haben. Er sieht sich getäuscht. Françoises Mitgift wird nie ausgezahlt werden, und fortan haftet ihr der Makel des uneingelösten Versprechens an. In der Familie de Beauvoir bewahrt man die Contenance und spricht nur hinter vorgehaltener Hand von der »finanziellen Katastrophe«. Françoise bricht angesichts der Tuschelei jedesmal in Tränen aus.

Die junge Familie braucht das Geld. Die Ländereien der Beauvoirs sind durch die jahrhundertealten Erbteilungen zerstückelt, so daß Georges als zweiter Sohn leer ausgegangen ist. Nur widerwillig hatte sich der Bonvivant als Jurist ausbilden lassen, um seinen Lebensunterhalt zu verdienen. Regelmäßige Arbeit ist ihm ein Greuel und für einen Mann seines Standes eine Zumutung. Jeden Morgen schleppt er sich in seine Anwaltskanzlei und zeigt dort wenig Ehrgeiz. Manchmal verläßt er sie schon gegen Mittag, liest ausgiebig Zeitung im Café, schlendert über die Boulevards und kehrt am Abend zu Frau und Kind zurück, nicht ohne Françoise ein hübsches Sträußchen Veilchen mitzubringen.

Falls die jungen Eltern enttäuscht sind, daß ihr erstes Kind ein Mädchen ist, so lassen sie Simone davon nichts spüren. Sie wird verhätschelt und verwöhnt, und ihre Zornesausbrüche sind legendär. Die Eltern geben sich jedoch »modern« und nehmen es hin, wenn die Kleine vor Wut blau anläuft und so ihren Willen erzwingt. Auf Familienbildern streckt sie zum Entsetzen der übrigen Verwandtschaft die Zunge raus oder zeigt dem Fotografen kurzerhand den Rücken. »Ähnliche Siege ermutigten mich, Regeln, Riten, Routine nicht für unüberwindlich zu halten. In ihnen wurzelte auch ein Optimismus bei mir, der allen Zähmungsversuchen widerstand«, schreibt sie in den *Memoiren einer Tochter aus gutem Hause*. Ihre Kusine Madeleine Mantis de Bisschop erinnert sich mit Schaudern an die Auftritte der kleinen Simone: »Sie war ein unglaublich verwöhntes kleines Biest, doch in den Augen ihrer Eltern war sie ohne Fehl und Tadel. Wir anderen in der Familie waren uns immer bewußt, daß wir – die Vettern und Kusinen – nicht halb so viel zählten wie sie. Simone war etwas ganz Besonderes.«

Das verwöhnte Mädchen mit den braunen Korkenzieherlocken wächst in einer Welt heran, die langsam, aber sicher in Auflösung begriffen ist. Die Standesgrenzen zwischen den ewig Reichen und den ewig Armen beginnen sich zu verschieben. Doch noch ist wenig davon zu spüren. Simones Familie väterlicherseits blickt auf eine blaublütige Ahnenreihe zurück, die bis ins 12. Jahrhundert reicht. Sie besitzt Ländereien im Limousin, ein Schloß namens Meyrignac und führt einen Lebensstil, in dem Arbeit etwas ist, das den Dienstboten überlassen bleibt.

Auch in der Wohnung am Boulevard du Montparnasse versorgt

zunächst noch das Kindermädchen Louise die kleine Simone, die mit ihr im Kinderzimmer übernachtet. Die junge und elegante Mutter küßt sie abends zärtlich, bevor sie mit ihrem Mann in die Oper geht. Georges ist stolz auf seine kleine Erstgeborene mit dem niedlichen Gesicht und den strahlend blauen Augen, die sie von ihm geerbt hat.

Simone ist zweieinhalb, als ihre Schwester Hélène geboren wird. Diesmal ist die Enttäuschung unübersehbar. Großvater Gustave, der Pleitier, läßt es sich nicht nehmen, zur »Geburt eines Sohnes« zu gratulieren. Im Postskriptum fügt er hinzu: »Ich habe gerade erst erfahren, daß es die Geburt einer Tochter war. Gottes Wille geschehe.« Falls Simone anfänglich Anflüge von Eifersucht hat, so beweist ihr Hélène im Laufe der Jahre, daß es dazu keinen Anlaß gibt. Die Kleinere, die wegen ihres puppenhaften Aussehens Poupette genannt wird, bewundert sie stets rückhaltlos.

Mit vier Jahren lernt Simone lesen und erntet dafür anerkennende Worte und viel Lob von ihrem Vater. Sie kann es daher kaum erwarten, die katholische Mädchenschule Cours Adeline Désir zu besuchen. Im Oktober 1913 wird sie eingeschult und ist von Anfang an eine der Besten ihrer Klasse. Sie hat es so eilig, jeden Morgen pünktlich zu erscheinen, daß sie sich jedesmal hastig anzieht und wegen ihrer schlecht sitzenden Kleidung und ungekämmten Haare gescholten wird.

Von nun an folgt ihr Tag einem Kasernenrhythmus, der von ihrer Mutter streng überwacht wird. Sie nimmt Simone vor dem Unterricht allmorgendlich mit zur Frühmesse, sitzt dann stickend und lauschend zusammen mit den anderen Müttern im Klassenzimmer, um sie später nach Hause zu begleiten. Der Tag endet mit Hausarbeiten und Abendgebet. Simone liebt die ausgefüllten Tage mit ihren vertrauten Wegen von der Wohnung in der Rue du Montparnasse zur Kirche und der nahe gelegenen Schule in der stillen Rue Jacob und zurück nach Hause. Dort findet sie einen stets gut aufgelegten Vater vor, der mit ihr redet, als sei sie eine Erwachsene, ihr Bücher zum Lesen gibt und sie der kleinen Schwester als Vorbild präsentiert.

Georges verdrängt den Widerspruch zwischen seinem offiziellen Lebenswandel und der tatsächlichen finanziellen Situation der Familie. Er kann sich nicht vorstellen, daß ein Mann wie er mittellos dastehen könnte. Geld ist etwas, über das man nicht spricht, und erst recht nichts, worunter man leidet. Viel lieber beschäftigt er sich mit seinem Stand angemessenen Themen, etwa Theater und Literatur, und er hält seiner Frau regelmäßig Vorträge über Politik. Er liebt es, ihr seine für diese Zeit durchaus übliche rechtskonservative und chauvinistische Weltsicht in Form von Aphorismen beizubringen: »Eine Frau ist, was ihr Mann aus ihr macht, er hat ihre Form zu bestimmen.« Im Gegensatz zu Françoise hält er wenig von Religion und geistiger Erbauung, sondern gefällt sich als aufgeklärter Lebemann, der sich hin und wieder eine Geliebte gönnt. Zunächst geht Françoise damit um wie mit einer schlechten Angewohnheit, denn sie hat andere Sorgen: Die Haushaltskasse leert sich zunehmend. Georges findet ein wirkungsvolles Mittel, um sie zum Schweigen zu bringen: Mit einer knappen Bemerkung erinnert er sie an die ausgefallene Mitgift.

Nach außen ist die Familie nach wie vor bürgerliches Musterbeispiel in Belle Époque-Manier. Man druckt elegante Visitenkärtchen für sich und die Töchter, lädt zum Tee im Salon ein und verbringt die Sommermonate auf dem Landgut Meyrignac. Doch der Alltag ist bedrückend, weil das Geld vorne und hinten nicht reicht, um diesen Lebensstil auf Dauer fortzuführen. Georges und Françoise streiten sich erbittert. Die Töchter Simone und Hélène versuchen den Eltern aus dem Weg zu gehen, wenn es in der Wohnung wieder laut wird, und sprechen in Geheimsprachen über das zunehmend gereizte und undurchsichtige Verhalten der Erwachsenen.

Zu diesem kleinen Unglück gesellt sich das große. Am 3. August 1914 erklärt Deutschland Frankreich den Krieg. Die Familie flüchtet nach Meyrignac, und die Mädchen spielen im Park Krieg: Die selbstbewußte Simone übernimmt die Rolle des Präsidenten Raymond Poincaré, der seine Vasallen – dargestellt von Hélène und der Kusine Madeleine – zum Sieg über die verhaßten *boches* führt, deren Rolle niemand gerne spielt. Georges wird einberufen, erleidet nach kurzer Zeit an der Front einen Herzinfarkt und kommt ins Lazarett. Nachdem er sich erholt hat, kehrt er heim nach Paris, und der Rest der Familie eilt ihm zur Seite. Hier wird aus dem Spiel im Park Ernst. In der Hauptstadt bekommen die de Beauvoirs die Folgen von Inflation und Lebensmittelknappheit zu spüren, und ihr Leben nimmt immer ärmlichere Züge an. Françoise muß jetzt flicken und nähen, spärliche Essensrationen verwerten und sich nach Gelegenheiten umschauen, eine geschenkte Mahlzeit zu ergattern. Georges' beruflicher

Abstieg führt ihn zunächst zu einer Anstellung im Kriegsministerium, die ihm nicht einmal ermöglicht, die Familie zu ernähren. Er muß sich nach etwas anderem umsehen und landet in einer Zeitschriftenredaktion als Anzeigenakquisiteur. Die Stellenbezeichnung ist die elegante Umschreibung für einen wenig schmeichelhaften Job: Georges weist Geschäftsleute mit sanftem Druck darauf hin, daß nur eine Anzeige sie vor einem nachteiligen Artikel in der Zeitung bewahren könnte. »Es war (...) eine demütigende Arbeit, weil es keine sonderlich ehrenhafte Betätigung war. Und das Schlimmste war, daß sie noch nicht einmal viel einbrachte«, erzählt Simone de Beauvoir später ihrer Biographin Deirdre Bair.

Die letzten Ersparnisse der Familie sind schließlich aufgebraucht, und so kann auch Simones Vater die Augen vor der Wirklichkeit nicht länger verschließen. 1919, ein Jahr nach Kriegsende, muß die Familie in eine kleine, dunkle Wohnung in der Rue des Rennes umziehen, die im fünften Stock liegt – nur eine Etage unter den Dienstbotenwohnungen.

Die schweren und wuchtigen Möbel aus dem herrschaftlichen Familienbesitz, die jetzt die beengten Zimmer zum Bersten füllen, führen den de Beauvoirs jeden Tag ihren Abstieg vor Augen. Das größte Zimmer bleibt allerdings als Arbeitsplatz für Georges reserviert. Hier steht jetzt sein imposanter Schreibtisch, unter den Simone seit frühester Kindheit flüchtet, um in Ruhe ihren Tagträumen nachzugehen. Von unten schaut sie hoch auf die Regale voller Prachtbände, die ein Eigenleben zu führen scheinen. Zwischen jeweils zwei Buchdeckeln schließen sie eine Welt ein, die von den Wechselfällen des Lebens um sie herum unberührt bleibt. Sie ahnt, daß diese Welt größer ist als jene, die sie bislang kennt. Ungeduldig sieht sie zu, wenn ihr Vater mit großer Geste ein Buch aus der Regalwand nimmt, um es ihr zu überreichen. Voller Eifer liest sie alles, was ihr der Vater gibt, darunter Gedichte und Erzählungen von Banville und Copée, der – Ironie der Geschichte – später als sentimentaler Lyriker des Kleinbürgertums in die Literaturgeschichte eingehen wird.

Aus dem aufsässigen kleinen Mädchen aus der Vorkriegszeit ist eine artige, überaus strebsame Klassenbeste geworden, die nicht sonderlich beliebt ist bei ihren Mitschülerinnen. Sie gilt als humorlos, schlecht gekleidet und von einem manischen Perfektionismus besessen. Wenn in ihrem durchkomponierten Tagesrhythmus nur die kleinste Dissonanz auftritt, bekommt sie einen hysterischen Anfall, der selbst die Mutter einschüchtert. Deren Sparsamkeit adaptiert die ordnungsliebende Simone, indem sie sich angewöhnt, mit winzig kleiner Schrift ihre Hefte vollzuschreiben, um so wenig Papier wie möglich zu verbrauchen.

Das Ende der Zeit kindlichen Glücks und häuslicher Geborgenheit, in der sie die Widersprüche zwischen bürgerlichem Pomp und tatsächlichem sozialen Abstieg nicht wahrzunehmen scheint, kann Simone de Beauvoir im Rückblick genau datieren. »Ich war ein sehr glückliches Kind, bis ich elf Jahre alt war.« Danach beginnt eine Jugendzeit, die ihre Biographin Deirdre Bair als »Unglück (mit) fast klassischen Dimensionen« bezeichnet.

Die 11jährige Simone erkennt nicht nur die Kluft zwischen Anspruch und Wirklichkeit der heruntergekommenen Aristokraten-Familie, sie distanziert sich auch zunehmend von ihren Eltern und sogar von Poupette. Sie ist verloren im Spannungsfeld zwischen der strenggläubigen Françoise, die als irdische Instanz göttlichen Willen ausführt, und dem atheistischen Georges, der als bornierter Familien-Patriarch alles mit zynischer Bitterkeit ablehnt, was die Mutter ihr als Wert zu vermitteln sucht. Während Poupette noch das hübsche Schwesterchen bleibt, beginnt Simone, alles Kindliche zu verlieren. Ihr Gesicht bekommt einen strengen, pubertären Zug, sie nimmt zu und wird immer schweigsamer. Die ungeteilte Aufmerksamkeit des Vaters verlagert sich auf die gefälligere Schwester. Simone dagegen bekommt zu hören, sie sei häßlich. Das trifft sie tief. Den Satz von Georges, »Simone denkt wie ein Mann«, der mit väterlichem Stolz ihre Erfolge in der Schule zusammenfaßte, hatte sie noch als Kompliment begriffen, doch nun liegen die Dinge anders. Sie wird verletzlich und selbstkritisch.

Georges' Stimmungen schwanken zwischen den gutgelaunten Inszenierungen des passionierten Laienschauspielers, der seine Töchter mit Liedern und Sketchen zum Lachen bringt, und dem eisigen Schweigen des deklassierten Großbürgers, der die Abende damit zubringt, die Stille mit einigen brummigen Kommentaren zu unterbrechen, die seiner Familie die Verderbtheit der Welt darlegen. Eines Tages macht Georges eine folgenschwere Bemerkung. »Ihr, meine Kleinen, werdet euch nicht verheiraten, ihr müßt arbeiten.« Dieser wenig dezente Hinweis auf die Folgen der ausgebliebenen Mitgift kränkt besonders Françoise, die sich den dahingeworfenen Satz mit verkniffenem Gesicht anhört, während sie sich tapfer an ihrem Stickwerk festhält.

Simone begreift allerdings die Vorhersage als Ermunterung zu ihren Studien, die von nun an endgültig zu ihrem Lebensinhalt werden. Sie versteht den Hinweis ihres Vaters gründlich falsch. Zwar ist er nach wie vor stolz auf jedes gute Zeugnis, das ihm Simone Jahr für Jahr vorlegt. Doch sein Ärger überwiegt. Er sähe die Zukunft seiner Töchter lieber in der Rolle gescheiter Ehefrauen erfolgreicher Männer, als ihnen die Schande geistiger Arbeit zuzumuten, die zu allem Überfluß noch für ihren Lebensunterhalt sorgen muß.

Dennoch, Simone liebt das Lernen, das Lesen, das Cours Désir, auch wenn ihr zunehmend auffällt, wie oberflächlich der mehr auf Erbauung denn auf ernsthafte Studien ausgerichtete Unterricht für die Mädchen ausfällt. Als kleines Mädchen hatte sie sich nicht benachteiligt gefühlt. Die Beschränkungen, denen sie unterworfen war, schrieb sie ihrer Jugend zu, nicht ihrem Geschlecht. Jetzt bemerkt sie, daß ihre Grenzen enger gesteckt sind als die ihrer Vettern, die eine bessere Ausbildung erhalten und »unter freiem Himmel (lebten), während man mich noch ins Kinderzimmer sperrte«. Die Männer in ihrer Familie sind Versager, auch wenn die Frauen nur hinter vorgehaltener Hand darüber sprechen dürfen. Sie glaubt, ganz selbstverständlich Gleichwertigkeit beanspruchen zu können, und blendet einfach alles aus, was dem entgegensteht. Sie gewöhnt sich eine Überheblichkeit an, die an Realitätsverlust grenzt. In den Pausen steht sie daher allein da, in den abgelegten Kleidern der Kusinen, während des Unterrichts überwacht von der Mutter, die sogar versucht, ihre eigenen Lateinkenntnisse aufzufrischen, um den Fortschritten der Tochter folgen zu können.

In ihre Einsamkeit bricht eines Tages Elisabeth Le Coin ein, die Simone de Beauvoir in ihren Memoiren später Zaza nennt. Als Zaza neu in die Klasse kommt, schlägt sie Simone mit ihrem intelligenten Charme und ihrer Eloquenz sofort in ihren Bann. Die beiden freunden sich an, und zum ersten Mal nimmt ein Mensch, der nicht zur Familie gehört, einen bedeutenden Platz in ihrem Leben ein. Françoise billigt die Freundschaft, denn Zaza stammt aus sehr gutem und reichem Hause. Es ist eine merkwürdige Innigkeit, an der Simone so viel liegt. Die Mädchen siezen sich von Anfang an, und nur selten kommt es zu vertraulichen Gesprächen. Aber der intellektuelle und religiöse Hochmut Zazas imponiert Simone genauso wie ihr offenkundiger Zynismus gegenüber den Lehrerinnen, die ihre Schülerinnen auf ein Leben als gottesfürchtige Ehefrauen vorbereiten wollen. Dafür hat Zaza nur Spott übrig. Die beiden werden unzertrennlich, und der stumpfsinnige Unterricht hindert sie nicht daran, um den Platz als Klassenbeste zu wetteifern. Simone glaubt, ihre erste Verbündete im Kampf gegen die Konventionen gefunden zu haben, die ihr das Leben zunehmend zur Hölle machen.

Doch als sie mit der Freundin ihre Zukunftspläne bespricht, merkt sie, daß sich eine Kluft auftut. Für Simone ist inzwischen klar, daß sie Schriftstellerin werden will. Zaza hält das für Hochmut: »Neun Kinder in die Welt setzen, wie Mama es getan hat, ist ebensoviel wert wie Bücherschreiben.« Simone ist entsetzt. »Kinder zu haben, die ihrerseits wieder Kinder bekämen, hieß nur bis ins Unendliche das ewige alte Lied wiederholen; der Gelehrte, der Künstler, der Schriftsteller, der Denker schufen eine andere, leuchtende, frohe Welt, in der alles seine Daseinsberechtigung erhielt. In ihr wollte ich meine Tage verbringen; ich war fest entschlossen, mir darin einen Platz zu verschaffen!«

Sie ist fünfzehn, und dies ist nicht die erste Erkenntnis, die sie von der Welt entfernt, die sie umgibt. Kurz zuvor hat sie – ganz für sich allein und ohne es offen auszusprechen – den Glauben an Gott abgelegt wie ein Kleid, das zu eng geworden ist. Die Zeit des Zweifels war kurz, aber heftig. Zum ersten Mal entdeckt sie, daß der Himmel über ihr leer ist. Mit der unwiederbringlich verlorenen Gewißheit kommt die Todesangst, die sie zwar beklommen, aber mit jugendlichem Heroismus erträgt. Weinend wirft sie sich zu Hause auf den abgewetzten Teppich und erlebt ihre Verzweiflung über die Aussichtslosigkeit des Daseins. Als sie sich wieder aufrichtet, beschließt sie, dem Tod auf anderem Wege zu entkommen: »(Die Literatur) würde mir Unsterblichkeit sichern, die mir ein Ausgleich für die verlorene ewige Seligkeit wäre; es gab keinen Gott mehr, der mich liebte, aber ich würde in Millionen von Herzen wie eine Flamme weiterbrennen.«

Die Schwärmereien der 15jährigen finden in ihrer Familie keinen Widerhall. Françoise betrachtet den Wandel ihrer Tochter argwöhnisch; sie beginnt ihr zu entgleiten. Auch Hélène ist abgeschrieben, seit es Zaza gibt. Die störrische Simone überspielt ihre Isolation mit arroganter Gelehrsamkeit, die sie bei jeder Gelegenheit zum besten gibt. Sie gefällt sich in der Rolle der angehenden Schriftstellerin, die ihr die Gewißheit gibt, trotz allem einen Platz in der Welt einnehmen zu können. Ihr Glaube an die vor ihr liegende Unabhängigkeit ist grenzenlos. »Ich würde einen Beruf ausüben, schreiben, ich würde ein persönliches Leben haben; niemals faßte ich mich nur als die künftige Gefährtin eines Mannes auf: wir würden wie zwei Compagnons sein.«

Sie hat kaum Kontakt zu jungen Männern, außer zu ihrem Vetter Jacques, den ihre Mutter gern als Verlobten ihrer Tochter sähe. Mit ihm verbindet Simone eine Jugendliebe, die so keusch ist, daß selbst an eine Umarmung nicht zu denken ist. Von Françoise hat sie gelernt, ihren Körper zu verachten. Ihre Prüderie geht so weit, daß sie sich sogar weigert, Gemälde zu betrachten, auf denen ein Akt dargestellt ist. »Mit siebzehn Jahren wußte ich, wiewohl theoretisch aufgeklärt, nicht einmal die Regungen meines Körpers zu deuten. (...) Niemals hatte ich – seit Villers – einen Fuß an einen Badestrand, in ein Schwimmbad oder in einen Gymnastiksaal gesetzt, so daß Nacktheit für mich mit Indezenz gleichbedeutend war; außerdem aber durchbrach auch in dem Milieu, in dem ich lebte, niemals das offene Bekenntnis zu einem Bedürfnis oder einer einfach nicht unterdrückbaren Handlung das Netz der Konventionen und eingefahrener Gewohnheiten.« Ihre Kusine Madeleine berichtet Simone im Sommer 1924 von den Abenteuern einer gewissen Yvonne, die auf Männerfang Station macht in einem Dorf nahe des Landsitzes der Beauvoirs im Limousin. Die jungen Männer amüsieren sich mit ihr, und Simone hält das Treiben für grotesk. »Die Sitten, die Madeleine mir beschrieb, fand ich durchaus empörend. Die Liebe, so wie ich sie sah, bezog den Körper kaum in ihre Bereiche mit ein; dennoch lehnte ich ab, daß der Körper Befriedigung für sich ohne Liebe suchte.« Ihre hehren Prinzipien werden in diesem Sommer nicht auf die Probe gestellt. Kaum einer der jungen Landadligen bemerkt das nach wie vor ärmlich gekleidete und ernst dreinblickende Mädchen.

Ihre Mutter überwacht sie wie einen Familienschatz. Françoise liest alle Briefe an ihre Tochter, bevor sie sie ihr übergibt, und heftet nach der Vorlektüre die Seiten ihrer Bücher zusammen, in denen auch nur angedeutet Frivoles vorkommt. Die Stimmung in der engen Wohnung, wo sich die beiden Schwestern ein winziges Kämmerchen teilen, ist bedrückend. Doch im Herbst 1924 scheint am Horizont ein kleiner Hoffnungsschimmer auf. Endlich, nunmehr siebzehn, kann sie das Cours Désir verlassen, um sich mit dem bestandenen Baccalauréat in der Tasche auf ihr Staatsexamen vorzubereiten, das ihr ein unabhängiges Leben als Lehrerin garantieren würde. Doch es liegen noch fünf lange Jahre vor ihr, und sie werden einem Hindernislauf gleichen.

Das französische Universitätssystem ist auf junge Männer des gehobenen Bürgertums ausgerichtet, die mit einer ausgezeichneten Vorbildung an die Sorbonne gehen, um mit der *agrégation*, der Abschlußprüfung, schließlich die höheren intellektuellen Weihen zu erhalten. Simone gehört zum ersten Jahrgang von Frauen, die in den Genuß eines den Männern gleichgestellten Abiturs kommen, das allerdings nur zur Ausbildung von Lehrerinnen für Mädchengymnasien dienen soll – eine »Art Puddingabitur«, wie Walter van Rossum schreibt. Formell hat sie dieselben Chancen auf ein Staatsexamen, in Wirklichkeit muß sie eine Menge nachholen. Ihre Eltern erlauben ihr erst nach zähem Ringen, bei dem sie viel Zeit verliert, zur Sorbonne zu gehen. Auch ihr Wunschfach Philosophie muß sie ihnen abtrotzen. Sie studiert wie eine Besessene mehrere Fächer gleichzeitig, um Zeit zu gewinnen, und gönnt sich kaum eine freie Minute. Neun bis zehn Stunden täglich sitzt sie über den Büchern. Die Freiheit winkt, auch wenn sie mit einsamer Strebsamkeit bitter erkauft werden muß. Immer wieder fällt Simone in tiefe depressive Phasen, aus denen sie nur mit Hilfe ihres unbezwingbaren Optimismus herausfinden kann. Winzig kleine Schritte in die Unabhängigkeit lassen sie durchhalten. Allein die Möglichkeit, das Mittagessen nicht mehr zu Hause einzunehmen, sondern im Park nahe der Bibliothèque Nationale ein Brot zu essen, feiert sie als Sieg.

Georges und Françoise versuchen erfolglos, ihr Steine in den Weg zu legen, weil sie erkennen, daß sie im Begriff sind, die Tochter endgültig zu verlieren. Simone überspringt erfolgreich ein Studienjahr und sie fängt an, wenn auch wenige, so doch neue Freunde zu treffen. Einem von ihnen, René Maheu, verdankt sie ihren Spitznamen, den sie für den Rest ihres Lebens behalten wird: »Castor« (Engl.: »Beaver«), der fleißige Biber. »›Sie sind ein Biber‹, sagte er. ›Die Biber leben in Gemeinschaften und haben einen konstruktiven Geist.« Maheu macht sie mit dem Star der Sorbonne bekannt, der sich erstaunlicherweise für die junge Mitstudentin zu interessieren beginnt: Jean-Paul Sartre. Gemeinsam bereiten sie sich auf die Examina vor, die für Sartre nur einen Zwischenschritt darstellen, während sie für Simone alles bedeuten. Sie ist mit 21 die Jüngste des Jahrgangs, der 23jährige Sartre hingegen versucht sein Glück bereits zum zweiten Mal. Diesmal klappt es. Ein Mitglied des Prüfungskomitees, Professor Gandillac, erinnert sich später an die strittige Entscheidung, wem in jenem Jahr die begehrte Auszeichnung als bester Prüfling zustand: »Die Prüfer waren so beeindruckt von der Präzision ihrer (Simone de Beauvoirs) philosophischen Ausdrucksweise, daß sie eigentlich ihr den ersten Platz geben wollten. Doch schließlich entschieden sie, daß er an Sartre gehen müsse, da er normalien war und die Prüfung außerdem zum zweiten Mal ablegte.« Sie hat es geschafft. Dem Mann, der sie auf den zweiten Platz verweist, kann sie nicht wirklich böse sein. Sie liebt ihn.

Fünf Jahre, nachdem Simone de Beauvoir ihre erste große Liebe kennengelernt und an der Sorbonne ihre *agrégation* bestanden hat, kommt am 28. September 1934 im vornehmen 15. Arrondissement Brigitte Bardot auf die Welt. Wie Simone ist auch Brigitte eine Erstgeborene. Ihre Eltern, der Fabrikant Louis Bardot und seine Frau Anne-Marie, hatten sich sehnlichst einen Sohn gewünscht, den sie nach dem Großvater Charles Bardot benennen wollten. Doch das Kind ist ein Mädchen. »Von dieser Enttäuschung ist mir ein starker Wille geblieben und die Unsicherheit eines Menschen, der auf einer Abendgesellschaft erscheint, zu der er nicht geladen ist«, schreibt Brigitte Bardot in ihren Memoiren. Trotz ihrer Rolle als ungebetener Gast in der Familie ist sie ein wohlbehütetes Kind. Ihr Vater ist bei ihrer Geburt bereits 37 Jahre alt, als Besitzer einer Fabrik für Flüssiggas geschäftlich erfolgreich und sehr viel gelassener als seine erst 22jährige Ehefrau, die sich durch die Anwesenheit der Kleinen überfordert fühlt. Sie stellen ein Kindermädchen ein, das sich hingebungsvoll um Brigitte kümmert. Maria ist ein italienisches Waisenmädchen, das von der kleinen Brigitte auf den Namen Dada getauft wird. Sie bringt ihrem Schützling das Sprechen bei, und so lernt Brigitte Französisch mit italienischem Akzent, was den Rest der Familie überaus entzückt. Sie rollt das R wie Dada, die ihr vor dem Schlafengehen italienische Gutenachtgeschichten erzählt. Dada füttert sie, zieht sie an und tröstet sie, wenn sie traurig ist. Ihre Eltern bleiben für Brigitte dagegen ferne, angebetete Wesen. Die Mutter Anne-Marie hat einst von einer Karriere als Tänzerin und Schauspielerin geträumt, und nur widerwillig fügt sie sich in ihre Rolle als Hausfrau und Mutter. »Ich kann mich nicht erinnern, daß Maman jemals für mich gekocht, eine kleine Leckerei zubereitet oder einen feinen Kuchen gebacken hat. Sie sprach abschätzig von den ›Marmeladenfrauen‹ und fand Kochen, Backen und Einmachen ›unter ihrem Niveau‹. Das blieb den ›Dienstmädchen‹ vorbehalten.« Ihre Tochter bewundert die schöne, elegante Mutter, die stets gut duftet und sich in seidige Kleider hüllt. Anne-Marie ist eine ambitionierte Frau und leidet darunter, in die Bedeutungslosigkeit einer Ehefrau zu versinken. Sie tröstet sich damit, ihre Wohnung in einen gesellschaftlichen Treffpunkt zu verwandeln. Als geschätzte Gastgeberin schart sie sooft es geht ihre zahlreichen Freundinnen zum Tee und Kartenspielen um sich und lädt Geschäftsfreunde von Louis zu spektakulären Abendessen ein. Als Kind lebte sie in den 1920er Jahren mit ihren Eltern Léon und Jeanne Mucel in Mailand – und ihr Ehemann Louis schätzt die Weltläufigkeit sehr, die ihr immer noch anhaftet. Seine Familie hingegen verachtet die Mucels, die kleineren Verhältnissen entstammen als sie selbst: Immerhin besitzen die Bardots ein schloßähnliches Anwesen in Louveciennes und die Urgroßeltern Claveau Hullin *de* Boischevalier ein adeliges Attribut im Namen. Brigitte bleibt dieser Arm der Familie immer ein wenig fremd, viel vertrauter sind ihr die Großeltern mütterlicherseits, die ebenfalls nach Paris gezogen sind, um ihrer Tochter nahe zu sein, und die erste Enkelin mit viel Liebe und Warmherzigkeit umgeben. Brigitte nennt den Großvater »La Boum« und die Großmutter »Mamie Mucel«. Die beiden sind immer zur Stelle, wenn die junge Familie Bardot ins Trudeln gerät. Anne-Marie erwartet die Geburt ihres zweiten Kindes, und die dreieinhalb Jahre alte Brigitte muß ins Krankenhaus, um eine Blinddarmoperation über sich ergehen zu lassen. Anne-Marie überläßt die Sorge um Brigitte ihren Eltern, und das Kind fühlt sich verraten. »Sie waren schon komisch, diese Erwachsenen, sie taten nichts als lügen. Außer Dada glaubte ich niemandem.« Nach der Operation bringt das Kindermädchen sie frühmorgens in die Wohnung der

Großeltern, und Brigitte schwant, daß etwas passiert sein muß. Sie rennt in die Schlafzimmer, doch weder Mamie Mucel noch La Boum sind zu finden. In der Küche entdeckt sie schließlich Dada, die ihr heiße Milch und Croissants gibt. Fast ist alles so wie immer, doch dann kommt die Großmutter nach Hause. »Nachdem sie sich ihrer Tasche, ihres Huts, ihrer Handtasche entledigt hatte (…), nahm sie mich zärtlich in die Arme. ›Mein Schatz‹, sagte sie, ›du hast ein kleines Schwesterchen, das heute morgen um Viertel vor sieben auf die Welt gekommen ist; Maman hat sehr gelitten, darum mußt du jetzt sehr lieb zu ihr sein. Das Baby ist noch ganz klein, und du wirst es bald sehen!‹« Brigitte ist von der frohen Botschaft nicht besonders begeistert. Nun muß sie die ohnehin magere Aufmerksamkeit der Eltern mit einem weiteren Wesen teilen. Ihre Schwester Marie-Jeanne, genannt Mijanou, sorgt auch für Enttäuschung bei den Großeltern Bardot, die ohnehin wenig von der Verbindung zwischen ihrem Sohn und seiner Frau, die er Toty nennt, halten. Wieder ist es nur ein Mädchen. Doch diesmal nimmt Vater Louis den Fehdehandschuh auf und verteidigt seine Zweitgeborene in einem Telegramm an seine Eltern: »Ihr habt nichts begriffen. Statt einer einzigen Toty schenke ich Euch drei! Die drei Perlen meiner Krone!« Etwas von dem ritterlichen Ehrbeweis fällt auch für Brigitte ab, immerhin ist sie eine der drei »Perlen«. Als sie Mijanou zum ersten Mal sieht, fängt sie beim Anblick des brüllenden Säuglings an der Brust der geliebten Mutter zu weinen an. Anne-Marie legt Mijanou kurzerhand in die Arme der schluchzenden Brigitte. »Ich spürte das Gewicht und die Wärme dieses komischen kleinen brüllenden Bündels. Ich küßte es, und der Kontakt war hergestellt. Mit meinen dreieinhalb Jahren fühlte ich mich stark und verantwortlich.« Der kluge Schachzug der Mutter bezieht Brigitte wieder in die Familie ein, doch er verhindert nicht, daß es Mijanou stets besser gelingen wird, die Liebe und das Augenmerk der Eltern auf sich zu ziehen.

Es ist das Jahr vor Beginn des Zweiten Weltkrieges, und die patriotischen Bardots ahnen, daß das Vaterland vom Erbfeind ernstlich bedroht ist. Adolf Hitler verkündet in diesen Tagen den »Anschluß« Österreichs an das Deutsche Reich, und die nationalsozialistische Schlinge beginnt sich zuzuziehen. Louis Bardot ist im Ersten Weltkrieg verwundet worden und von der siegreichen Front hoch dekoriert zurückgekehrt. Seitdem leitet er zusammen mit seinen

Brüdern erfolgreich die Flüssiggas-Fabrik, obwohl dem Hobby-Dichter die schönen Künste näher sind als die Bilanzen. Brigitte erinnert sich mit Grauen an die Katastrophenstimmung im Haus, wenn allmonatlich die Abrechnungen anstehen und Louis zu Hause höchstselbst die Lohntüten für die Arbeiter vorbereitet. Sein Widerwille gegen die Rechnerei und gegen die Auszahlung seiner Untergebenen löst in der Familie eine unheilvolle Kettenreaktion aus, an deren Ende Streit und Zornesausbrüche stehen. »Diese Löhnung bedeutete ein Greuel für einen Mann wie ihn, der das Phantasievolle liebte, die Poesie, das Lachen, die Schönheit. Jedes Monatsende war ein Alptraum, und dann war mit Papa nicht gut Kirschen essen. Rings um das Zimmer, in dem er vor seinem Rechenschieber saß und litt, herrschte Totenstille. Jedes Geräusch verursachte einen Fehler, jeder Fehler bedeutete eine schlaflose Nacht, jede schlaflose Nacht rief bei Maman einen Zornesausbruch hervor, und jeder Zornesausbruch von Maman war für uns die Hölle.«

Mit der Fabrik geht es jedoch stetig bergauf, und die Familie bemüht sich sehr um eine angemessene gesellschaftliche Stellung, um die sie als Emporkömmlinge stets bangen müssen. Sie wollen es den großbürgerlichen Nachbarn im 15. Arrondissement gleichtun, die ihren Reichtum dezent zur Schau stellen, ihre Kinder in exzellente Schulen schicken und einen aristokratischen Lebensstil pflegen. Menschen wie den de Beauvoirs, die auf einen altehrwürdigen Familienstammbaum zurückblicken können, würden sie mit Ehrfurcht begegnen.

Alle Anstrengungen um einen weiteren sozialen Aufstieg scheinen zunichte gemacht, als kurz vor Brigittes fünftem Geburtstag die deutschen Truppen am 1. September 1939 in Polen einmarschieren. Die Franzosen fürchten, die nächsten Opfer des Eroberungsfeldzugs Hitlers zu sein. Bevor die Wehrmacht im Frühsommer 1940 Paris kampflos einnimmt, packen die Bardots und die Großeltern Mucel ihre Koffer und verlassen mit zwei Autos die Stadt, um Schutz in der kleinen bretonischen Stadt Dinard zu suchen. Unterwegs stoßen sie auf Tausende von Familien, die zu Fuß oder mit Pferd und Wagen vor der heranrückenden Wehrmacht flüchten. Kaum angekommen, meldet sich Louis freiwillig an die Front. Anne-Marie ist jetzt allein, und in der neuen Rolle als Familienoberhaupt blüht sie auf. Sie hat jetzt Zeit, sich mehr um die Kinder zu kümmern, und so setzt sie sich in den Kopf, der ältesten Tochter das Lesen beizubringen, bevor sie in die Schule kommt. Brigitte ist darüber kreuzunglücklich. Sie sitzt neben Anne-Marie und blickt verzweifelt auf den Titel ihres Kinderbuchs *Barbar*. Daß die ersten zwei Buchstaben zusammen BA ergeben, will ihr noch einleuchten, doch mit dem dritten Buchstaben R will sie sich nicht anfreunden. »Es wurde dramatisch für uns beide. Ich saß wie festgenagelt auf meinem Stühlchen, das Bilderbuch ›Barbar‹ vor mir und weinte über das Unverständnis der Erwachsenen, die nicht einsehen wollten, daß BA und R zwangsläufig BART ergeben. Das war doch ganz logisch.« Ihre Schwester Mijanou beobachtet das Schauspiel und fängt so sehr an zu brüllen, daß sie violett anläuft, und die Mutter von Brigitte abläßt. Anne-Marie kommt nicht dazu, einen erneuten Versuch zu unternehmen, Brigitte etwas beizubringen: Als kriegswichtiger Fabrikant wird Louis in die Heimat entlassen, und die Familie kehrt zurück nach Paris. Dort erwartet Brigitte die Hölle. Ende des Jahres 1940 beginnt der Luftkrieg um England, und die Deutschen fliegen mit ihren Bombern beinahe täglich über Paris. Das ohnehin verstörte Kind muß mit seiner Familie in den Kellern der Nachbarschaft Schutz suchen – und kommt zu allem Unglück auch noch in die Schule, die sie vom ersten Tag an haßt. Das Lernen fällt ihr schwer, und die Kriegsjahre wird sie damit zubringen, in der Schule eine Niederlage nach der anderen einzustecken.

Währenddessen laufen die Geschäfte Louis' wie geschmiert, denn Flüssiggas ist in diesen Tagen kostbar wie Gold. Da seine Familie aus Lothringen stammt, spricht er ein wenig Deutsch und kann sich mit den Besatzern arrangieren. Vermutungen, ihr Vater habe mit den Deutschen kollaboriert, widerspricht die vaterlandstreue Brigitte Bardot in ihren Erinnerungen vehement. Seine Kunden seien ausschließlich Franzosen gewesen, berichtet sie, und Louis habe die Fabrik gemeinsam mit seinen zwei Brüdern Gaston und René »à la française und für Frankreich« geführt. Immerhin kann er es sich leisten, seine Tochter auf die private Eliteschule für Mädchen Hattemer Prignet zu schicken, doch sie gehört auch hier stets zu jenen, die um die letzten drei Plätze in der Klasse kämpfen. Brigitte entspricht ganz und gar nicht den Erwartungen des Vaters, während Mijanous Stern in der Familie immer höher steigt. Brigitte hat nur ein einziges Talent, mit dem sie ihre Schwester ausstechen kann. Sie liebt Musik und tanzt heimlich zu den Platten, die sie auf dem Grammophon ihres Vaters auflegt. Als Anne-Marie sie eines Tages dabei erwischt, ist sie so entzückt, daß sie ihr einen Topf mit Wasser auf den Kopf setzt und sie damit durch die Wohnung stolzieren läßt. »Wie gerade sie sich hält, die Kleine!« Brigitte faßt die Begeisterung ihrer Mutter mit gemischten Gefühlen auf: »Natürlich hielt ich mich gerade! Schließlich hätte ich sonst wie ein begossener Pudel dagestanden. Und eine Ohrfeige wäre mir sicher gewesen.«

Von nun an darf sie Ballettunterricht nehmen, und in der Tanzschule des Monsieur Rico lernt sie *Plié*, *Petit Dégagé*, *Entrechat* und *Glissade* weitaus müheloser als in der Schule Rechnen und Schreiben. Hier fühlt sie sich wohl und atmet den Geruch »von Staub, Schweiß, Moder, Zellophan, Schminke und billigem Parfum. Ich war fasziniert.« Die Unterrichtswoche im feinen Hattemer beträgt glücklicherweise nur drei Tage, und so kann sie bald in eine bessere Ballettschule gehen, wo sie die restlichen drei Tage verbringt. Brigitte glaubt, nun endlich den ehrgeizigen Eltern gerecht werden zu können, die viel Wert auf Erfolg legen und sich ihrer Tochter schämen, die sich in der Schule als Versagerin erweist. Anne-Marie träumt wieder von einer Tänzerinnen-Zukunft, die nunmehr ihre Tochter wahrmachen könnte. Doch die sieben Jahre alte Brigitte und ihre vierjährige Schwester werden an einem Frühlingsnachmittag endgültig aus ihrem ohnehin unvollkommenen Kinderparadies vertrieben. Die Eltern sind an diesem Tag ausgegangen und haben die Mädchen in der Obhut des Dienstmädchens gelassen. Beim Indianerspiel reißen sie im Eifer des Gefechts ein Tischtuch samt der kostbaren chinesischen Porzellanvase in die Tiefe. Das gute Stück geht zu Bruch, und die Schwestern warten angsterfüllt im Besenschrank versteckt auf die Rückkehr der Eltern. Die Strafe ist grausam. Der Vater holt die Reitpeitsche und schlägt die Mädchen exakt zwanzigmal aufs Hinterteil. Das Verdikt der Mutter jedoch ist perfider: »Von jetzt an seid ihr nicht mehr unsere Kinder, sondern Fremde. Und wie Fremde werdet ihr uns von jetzt an siezen! Und vergeßt nicht, daß ihr nicht bei euch zu Hause, sondern bei uns zu Hause seid. Nichts von allem hier gehört euch. Dieses Haus ist nicht mehr das eure.«

Brigitte Bardot wird ihren Eltern nie verzeihen. Sie hält sich ein Leben lang an das formelle »Sie«, auch wenn die Mutter sie nach dem

Tod des Vaters darum bittet, sie wieder mit dem vertrauten »Du« anzusprechen. In ihren Memoiren schreibt sie über die Kinderszene: »Damals empfand ich zum ersten Mal Einsamkeit, Verlassenheit, Verzweiflung und auch Todessehnsucht, Gefühle, die mich ein Leben lang nicht mehr verlassen sollten (...) Von diesem Tag an lebte ich ständig mit meinen Eltern in Konflikt. Allein gelassen beobachtete ich aus meinem Winkel heraus die Erwachsenen, die ich Maman und Papa nannte.«

Die Atmosphäre in der Familie Bardot ist von nun an vergiftet. Die unfreiwillige Solidarität der beiden Schwestern, die von den Eltern gleichermaßen rigide behandelt werden, weiß Mijanou zu brechen, wenn sie dem Vater erzählt, Brigitte habe sie schlecht behandelt. Dann holt er die Peitsche und schlägt Brigitte, bis ihr Höschen an den Striemen auf der Haut kleben bleibt. Von der Mutter ist kein Beistand zu erwarten. Im Gegenteil, sie beklagt sich bei ihren Freundinnen über ihre Älteste, die in jeder Hinsicht von der Natur benachteiligt sei.

Im August 1944 ist Paris befreit, und während Simone de Beauvoir mit ihren Freunden wilde Parties in den neu eröffneten Bars und Existentialisten-Kellern feiert, entdeckt die 9jährige Brigitte die Vorteile von Weißbrot, Milch und Kaugummis, die sie in der Schule als Tauschgut einsetzt, um von der Tischnachbarin abschreiben zu können. Es nützt nichts, denn nicht einmal das Jahr in der Klosterschule De la Tour hat an ihren Leistungen etwas verbessern können, so daß sie wieder ans Hattemer zurückkehrt, wo sie ihren gewohnten Platz als Schlußlicht der Klasse einnimmt. In der Familie Bardot, die inzwischen eine repräsentative Wohnung in der Rue de la Pompe bezogen hat, herrschen Feindseligkeit und Streitlust. Zwischen Louis und Anne-Marie entbrennt ein Ehekrieg, deren Ursache den Kindern ein Rätsel ist. Eines Tages sehen sie den verzweifelten Vater auf das Geländer des Balkons steigen. Im letzten Moment stürzt sich Anne-Marie auf ihn und umklammert sein Bein, um ihn am Springen zu hindern. Nach der Rettung erleidet sie einen spektakulären Ohnmachtsanfall. Die Mädchen sind zutiefst verwirrt – um so mehr, als ihre Eltern imstande sind, im nächsten Moment als bezaubernde Gastgeber aufzutreten, um ihre Freunde und Bekannten zu einem exquisiten Abendessen in illustrer Runde einzuladen und um die Wette zu strahlen. Die bürgerliche Fassade bleibt stets intakt, was dahinter geschieht, geht niemanden etwas an. Es geht bergauf mit Frankreich, und man will in diesen Zeiten der beginnenden Konsumfreude nicht nachstehen. Anne-Marie hat das Hausfrauenleben endgültig satt und eröffnet einen kleinen Hutsalon, der bald nicht nur mehr die Freundinnen beliefert, sondern auch die führenden Namen der Modebranche. Brigitte ist zwölf und setzt sich manchmal heimlich eine der wunderlichen Kreationen ihrer Mutter auf den Kopf. Verzweifelt schaut sie in den Spiegel, denn sie hält sich für häßlich. »Warum hat der liebe Gott mich mit dunklem, glattem Haar erschaffen, das nicht zu bändigen war, mit kurzsichtigen Augen, die mich zur Brillenschlange machten, und mit Zähnen, die hervorstanden (weil ich zu lange am Daumen gelutscht hatte) und mich zwangen, eine Zahnspange zu tragen?«

Die Sommermonate verbringt sie – wie einst die junge Simone – auf dem Landgut ihrer Großeltern. Doch anders als Simone gibt sich Brigitte nicht nur der Naturbetrachtung hin und beobachtet das Treiben der Landjugend aus der Ferne, sondern ist wild entschlossen, erste Erfahrungen mit dem anderen Geschlecht zu machen. Im Sommer 1946 ist der Nachbarsjunge Guy mit von der Partie, den Brigitte und ihre langjährige Freundin Chantal umschwärmen. Er ist nicht gerade ein Adonis, aber immerhin ein Junge, und als Brigitte zuschauen muß, wie er der Freundin einen Kuß gibt, ist sie erbost. Kurzerhand droht sie den beiden, alles den Eltern zu erzählen, es sei denn Guy gewähre auch ihr das Vergnügen. Als es soweit ist, schwindet jedoch ihr Mut. »Halb tot vor Angst preßte ich Lippen und Augen ganz fest zusammen und wartete. Guy küßte meinen hermetisch geschlossenen Mund, und ich wünschte mir etwas, wie immer, wenn ich etwas zum ersten Mal tue; ich wünschte mir, eines Tages von einem weniger häßlichen Jungen geküßt zu werden.« Vorerst ist kein anderer in Sicht, und so teilen die Mädchen sich schwesterlich einen Sommer lang den hocherfreuten Guy. Nach jedem Kuß wissen sie, was zu tun ist: Sie gehen zum Dorfpfarrer, um ihre Sünden zu beichten.

Als Brigitte zurück nach Paris kommt, erwartet sie zwar wieder der gefürchtete Schulalltag, doch in diesem Herbst gibt es auch eine gute Neuigkeit: Sie hat die Aufnahmeprüfung am Konservatorium für Musik und Tanz bestanden, und begleitet von ihrer englischen Gouvernante übt sie fortan zwei Stunden am Tag bei ihrer Tanzleh-

rerin Mademoiselle Schwartz. Am Ende des Schuljahres erwartet sie
der Lohn für das schweißtreibende Training. Sie besteht die Abschlußprüfung auf der Bühne der Opéra Comique als Beste ihres
Jahrgangs. Weinend vor Glück und Stolz nimmt sie die Auszeichnung entgegen. Alle Niederlagen in der Schule sind vergessen, und
selbst die Eltern blicken zum ersten Mal stolz auf ihre Älteste.

Für Brigitte brechen bessere Zeiten an. Mit 14 nimmt sie Unterricht bei dem russischen Ballettstar Boris Kniazeff, und das Training
stärkt nicht nur die Muskeln, sondern auch das Selbstwertgefühl. In
rasantem Tempo entwächst Brigitte früher als ihre Altersgenossinnen den Kinderschuhen. Mit 15 bricht sie auf in die Welt der Erwachsenen. Um sie herum formiert sich die Nachkriegsgesellschaft
und verbreitet eine verheißungsvolle Stimmung, die die Entbehrun-
gen der letzten Jahre mit aller Macht vergessen machen will. Verglichen mit der strikten Moral ihrer Eltern in der erzkonservativen
Pétain-Zeit, scheinen der Nachkriegsgeneration alle Türen offen-
zustehen. Brigitte nutzt jede Möglichkeit, ihrem Elternhaus zu entfliehen, und schon bald bietet sich eine einmalige Chance. Eine
Freundin ihrer Mutter fragt an, ob sie Modefotos von ihrer Tochter
machen könne, selbstverständlich ohne Bezahlung, da man das
»junge Mädchen aus gutem Hause« keineswegs als Mannequin an-
heuern wolle. Die umtriebige Herausgeberin des Frauenmagazins
Elle, Hélène Lazareff, sieht die Fotos von Brigitte und will sie für
die Titelseite gewinnen. Das Mädchen mit dem dunklen Pferdeschwanz und dem unschuldigen Lächeln wird zum Maskottchen
von *Elle*, und in der Familie beginnt man um ihren guten Ruf zu
fürchten. Als auch noch der Regisseur Marc Allégret um ein Treffen
bittet, tagt der Familienrat. Großvater La Boum redet als Vorsitzen-
der Tacheles: »Wenn die Kleine eines Tages zur Hure werden will,
dann wird sie es, mit oder ohne den Film!« Sein Wort zählt, und
Brigitte darf zu den Probeaufnahmen. Allégret ist zu dieser Zeit ein
beachteter Filmemacher und hält sich einen Stab von Assistenten.
Einer davon ist der 19jährige Roger Vadim. Er wird zur entscheidenden Figur in Brigittes Leben. Mit fünfzehn ist man zu jung für die
Liebe. Aber die Leidenschaft für Vadim macht Brigitte rebellisch.
Sie will raus. Jetzt und sofort. Sie ist zwar viel zu unerfahren, um
große Entscheidungen zu treffen, eigene Wege zu gehen oder ihr Leben in die Hand zu nehmen. Aber sie tut es trotzdem. Ihr Eltern-

haus wird endgültig zum Gefängnis, und Vadim rüttelt wie besessen an den Gitterstäben. Anne-Marie und Louis gehen bis zum äußersten, um ihr Kind vor diesem unheilvollen Verehrer zu schützen. Aber Brigitte ist kein Kind mehr und der Verehrer längst ihr Geliebter.

3. Die Schulen des Lebens – Lehrjahre

»Ich erwartete viel vom Leben und
wußte, daß ich es bekommen würde.«
*Simone de Beauvoir in einem Brief an
ihren Geliebten Nelson Algren*

»Ich geriet in einen schrecklichen Ruf,
von dem ich mich nur schwer befreien
konnte. Es war die größte, anhaltende
Ungerechtigkeit in meinem Leben.«
Brigitte Bardot

Ein alter Geschichtenerzählertrick lautet: Lege zuerst den Schluß fest, bevor du zu erzählen beginnst. Als die 50jährige Simone de Beauvoir 1958 den ersten autobiographischen Band, *Memoiren einer Tochter aus gutem Hause* (*Mémoires d'une jeune fille rangée*), vorlegt, ist sie bereits eine berühmte Schriftstellerin. Nicht nur sie selbst, auch ihre Leserinnen und Leser wissen bereits, was aus der Tochter aus gutem Hause geworden ist. Die spannendere Frage, die sich ihnen stellt, ist daher: Wie hat Beauvoir es geschafft, als Frau in den 1940er und 50er Jahren die Fallen zu umgehen, die rings um sie herum nur darauf lauerten zuzuschnappen? Warum wurde aus ihr weder eine bürgerliche Ehefrau noch eine verhärmte Lehrerin? Und wie kam es, daß bei Simone de Beauvoir, anders als bei anderen Schriftstellerinnen ihrer Generation, niemals der Eindruck entstanden ist, sie habe einen zu hohen Preis für ihre Unabhängigkeit bezahlen müssen? Schließlich galt und gilt sie als die Frau, die es fertiggebracht hat, die Sehnsucht vieler Frauen in die Realität umzusetzen: Arbeit und Leben eins werden zu lassen.

Wie kaum eine andere Autorin vor und nach ihr hat Simone de Beauvoir ihr Bild in der Öffentlichkeit selbst entworfen. In ihren vierbändigen Memoiren und in vielen anderen autobiographisch gefärbten Texten stellt sie ihr Leben lückenlos von der frühen Kindheit bis ins hohe Alter hinein dar. Und nur selten geraten ihr die Texte zur Nabelschau, dafür bleibt sie sich selbst gegenüber zu kritisch. Der Grund dafür, das eigene Leben als literarischen Hauptgegenstand zu begreifen, war ebenso einfach wie vielsagend: Ihr eigenes Leben faszinierte sie. Immer wieder konnte sie darüber in Erstaunen geraten, wie sie es geschafft hatte, sich aus den oft unbewußten, aber auch aus den bewußt wahrgenommenen Zwängen zu lösen. »Die Literatur tritt in Erscheinung, wenn irgend etwas im Leben aus den Fugen gerät«, schreibt sie einmal. Sie hatte früh beschlossen, den eng gesteckten Rahmen der für sie geplanten Zukunft zu sprengen. So kam es, daß ihr ganzes Leben zu Literatur wurde.

Nur zwei Jahre nach den *Memoiren einer Tochter aus gutem Hause* erscheint 1960 der zweite Teil *In den besten Jahren* (*La force de l'âge*). Im Vorwort schreibt Simone de Beauvoir: »Allmählich überzeugte ich mich, daß der erste Band meiner Erinnerungen unbedingt eine Fortsetzung forderte: sinnlos, die Vorgeschichte meiner schriftstellerischen Berufung zu erzählen und dann nicht zu versuchen, ihre Verwirklichung zu schildern.

Überdies interessiert mich nach reiflicher Überlegung dieses Projekt an sich. Mein Leben ist nicht abgeschlossen, aber es trägt bereits einen Sinn, den die Zukunft kaum noch ändern dürfte. Welchen?« Der Sinn – so erfahren die Leserinnen und Leser später – liegt irgendwo zwischen Anfang und Zielpunkt ihrer Entwicklung als Schriftstellerin, zwischen ihrer anfänglichen Überzeugung, daß sie mit Büchern Liebe erschreiben könne, und der späteren Erkenntnis, daß das Schreiben ihr (über)lebensnotwendige Ausdrucksform ist. Natürlich hält Simone de Beauvoir vieles über das Milieu fest, in dem sie aufwuchs – und später über die vollkommen andere Welt, in der sie mit Jean-Paul Sartre lebte. Sie schreibt über politische Zusammenhänge und persönliche Konflikte, aber letztlich gibt es nur einen Fluchtpunkt in den Büchern: ihr Leben als Schriftstellerin, das sie gleichsetzt mit einer unabhängigen, von ihrer Herkunft befreiten Existenz. Sie läßt keinen Zweifel daran, daß der Weg dorthin lang war, aber alle Umwege und Abschweifungen führten dennoch zur Selbstbestimmtheit. Mit der religiösen Inbrunst, mit der sie als Kind ihre Liebe zu Gott zelebriert hatte, erzählt sie nun ihren Leserinnen und Lesern ihre eigene Heilsgeschichte, deren Ende von vornherein feststeht. Statt aus der christlichen Glaubenslehre bezieht sie ihre Überzeugungskraft nunmehr aus der existentialistischen Kernaussage, nach der der Mensch zur Freiheit verurteilt ist: Es bleibt ihm nichts anderes übrig, als sein Leben zu entwerfen – oder aber zu resignieren.

Mit 21 Jahren hält Simone de Beauvoir 1929 ihr Diplom in Philosophie in den Händen. Sie hat drei Jahre hart dafür kämpfen müssen,
denn nicht nur ihre Eltern, auch die Studienbedingungen an der Sorbonne hatten ihr Steine in den Weg gelegt. Ihre Vorbildung entsprach
der einer höheren Tochter, aber sie hat es dennoch geschafft, sich in
der Konkurrenz mit den mehrheitlich männlichen und weitaus besser vorbereiteten Studenten einen Platz unter den Besten zu sichern.
Nur Jean-Paul Sartre rangiert bei der Abschlußprüfung vor ihr.

Das Philosophie-Diplom hat sie ihrem Ziel, Schriftstellerin zu
werden, allerdings keineswegs näher gebracht. Im Gegenteil, in den
folgenden zehn Jahren erscheint es manchmal unerreichbar. Glaubt
man ihren Memoiren, stand für sie bereits als Kind fest, daß sie einmal eine berühmte Autorin sein und sich Liebe mit Büchern erschreiben würde. Im Rückblick scheint ihr Weg daher ungewöhnlich geradlinig. Aber er war es keineswegs.

Als Simone de Beauvoir 1929 die Universität verläßt, glaubt sie
sich auf dem Schluß-Spurt in Richtung Freiheit. Sie ist im besten
heiratsfähigen Alter, und ihre Familie kann sich nur noch schwer
darüber hinwegtäuschen, daß sie den ihr vorgegebenen Weg nie ein-
schlagen wird. Aus der höheren Tochter ist längst eine Abtrünnige
geworden, ein »gefallenes Mädchen«, wie sie Madame LeCoin nennt,
die Mutter ihrer besten Freundin Zaza. In das Jahr von Simones Uni-
versitätsabschluß fallen zudem zwei weitere Ereignisse, von denen
eines sie in den nächsten zehn Jahren beschäftigen wird, während
das andere ihr Leben von Grund auf ändert.

Ihre beste Freundin Zaza stirbt völlig überraschend an einer Hirn-
hautentzündung. In den Monaten zuvor hatte Zaza versucht, ihre
Mutter davon zu überzeugen, daß die Liebe zu Simones Freund
Maurice Merleau-Ponty keineswegs ihrem Ruf als ehrwürdige Tochter einer streng katholischen und großbürgerlichen Familie schaden
würde. Merleau-Ponty ist, wie Simone de Beauvoir erst Jahre später
erfahren wird, der uneheliche Sohn eines einflußreichen Provinz-
politikers, und Zazas Eltern billigen die Verbindung mit einem ille-
gitimen Zögling nicht. Ohne zunächst die näheren Umstände zu
kennen, ist Simone davon überzeugt, daß die Familie LeCoin und
Maurice Merleau-Ponty Zaza auf dem Gewissen haben. Sie glaubt,
daß Merleau-Ponty die Freundin gar nicht heiraten wollte und Madame LeCoin alles tat, um gegen diese Liebe zu intrigieren. Zaza sei

letztlich an gebrochenem Herzen zugrunde gegangen, glaubt Simone de Beauvoir, doch nicht nur das: Zaza habe ihr Leben im Kampf gegen die Konventionen ihres Milieus gelassen, das ihr ein selbstbestimmtes, freies Leben mit einem Mann ihrer Wahl verweigert hatte. Die Umstände von Zazas Krankheit konnten nie ganz geklärt werden, für Simone de Beauvoir jedenfalls wird in den nächsten zehn Jahren der Tod der Freundin zum Hauptmotiv ihrer spärlichen Schreibversuche. Sie sieht sich als Gegenentwurf zu Zaza, die verzweifelt an ihrem christlichen Glauben und den Regeln ihrer Herkunft festhielt, bis es sie ihr persönliches Glück und letztlich sogar ihr Leben kostete. So wehrt sich die junge Beauvoir gegen die Versuche ihrer Familie, sich in ihr Leben einzumischen, und bricht letztlich mit ihrer Vergangenheit. Zaza starb als Folge ihrer Entscheidung, ihrem Milieu treu zu bleiben, und das Schuldgefühl der Überlebenden treibt de Beauvoir in den Jahren danach um.

Das zweite Ereignis des Jahres 1929 schafft es, sie ein wenig von dem Tod der besten Freundin abzulenken: Das unumstrittene Genie der philosophischen Fakultät an der Sorbonne, Jean-Paul Sartre, verliebt sich in sie. Während ihrer langen Gespräche im Jardin du Luxembourg öffnet sich zum ersten Mal seit ihrem Abschied von Gott wieder der Himmel über sie. Ihre eigene Verliebtheit in den 24jährigen ungeheuer charmanten, wenn auch schmächtigen und unansehnlichen Sartre vermischt sich mit ihrer Sehnsucht nach einem freien, intellektuellen Leben. Dieser Mann interessiert sich außerordentlich für ihren Freiheitskampf gegen ihre bürgerliche Familie. Mit dem Feuer seiner intellektuellen Leidenschaft fragt er sie nach ihrer Vergangenheit, ihren Zukunftsplänen, ihrer Meinung über Gott und die Welt aus. Er ist ein guter Zuhörer und ein noch besserer Lieferant für neue Ideen, überraschende Argumente und umstürzlerische Einsichten. Kurzum: Jean-Paul Sartre macht Simone de Beauvoir endgültig mit sich selbst und ihren Zweifeln bekannt. Mehr noch, seine Aufmerksamkeit verleiht ihren Gedanken – so Beauvoir später – erst das notwendige Gewicht und die wirkliche Bedeutung. Sartre scheint ihr den Schlüssel für das Tor in der Hand zu halten, hinter dem das ersehnte Leben wartet. Er hat kein Interesse an einer Frau zum Heiraten und Kinderkriegen. Er will eine intellektuelle Gefährtin. Von Anfang an fühlt sie sich ihm unterlegen: »(...) ich kämpfte drei Stunden lang. Dann mußte ich zugeben, daß

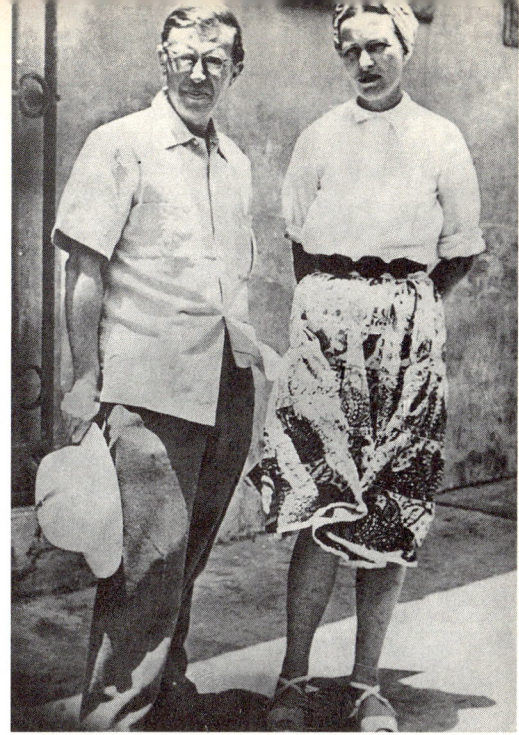

Intellektuelle Sparringspartner, lebenslängliche Gefährten, Liebende: Was im Jardin du Luxembourg 1929 begann, wurde zum Vorzeigemodell für gleich mehrere Generationen von Intellektuellen: Simone de Beauvoir mit Jean-Paul Sartre in den 50er Jahren.

ich geschlagen war«, schreibt sie in den *Memoiren einer Tochter aus gutem Hause*. Aber im Laufe der Zeit wird sie ihm als intellektuelle Sparringspartnerin und als scharfsichtige, wenn auch stets loyale Kritikerin seiner Texte unentbehrlich. Die Basis dafür ist geistige Verschmelzung, »Osmose«, wie es die beiden nennen werden. Der gedankliche Energieaustausch überdauert alle Krisen, Affären und Brüche, die sich im Leben der beiden auftun werden. Mit nachtwandlerischer Sicherheit trifft sie bereits kurz nach ihrer Abschlußprüfung die Entscheidung: Sartre ist der Mann fürs Leben, denn »durch ihn gefiel ich mir selbst«.

Mit dem Abschluß in der Tasche und dem Mann für die Zukunft an ihrer Seite beginnt sie ihr neues Leben. Aus der elterlichen Wohnung ist sie in ein Zimmer in der Wohnung der Großmutter gezogen, die keine Anstalten macht, die Aufsicht über ihre Enkelin im Sinne der Eltern weiterzuführen. Alles scheint gut zu werden. Doch die Anstrengung des akademischen Hürdenlaufs, der mit der Prüfung an der Sorbonne endlich ein Ende fand, der Tod Zazas sowie die Fülle der nun zu treffenden Entscheidungen setzen ihr zu. Wohin sich wenden? Das Fernziel, Schriftstellerin zu werden, ist klar – aber wie lautet das Nahziel? Hinzu kommen die verwirrenden Gespräche mit Sartre, dessen Gedankengänge ebenso hochfliegend wie sprunghaft sind. Jeden Tag fünf neue Ideen zum Fortgang der Welt zu verarbeiten, kostet Kraft. Zwei Jahre lang lebt sie verhältnismäßig planlos in Paris. Ein paar Nachhilfestunden halten sie mehr schlecht als recht über Wasser. Ihre Familie ist enttäuscht. »Simone versumpft in Paris«, antwortet ihr Vater auf die Frage von Verwandten, was denn seine Tochter nach der glanzvoll bestandenen Prüfung jetzt anstelle.

Mit dieser Einschätzung liegt er nach seinen Maßstäben nicht ganz falsch. Simone de Beauvoir entdeckt das Pariser Nachtleben, die Bars und Cafés, das Künstlermilieu um den Montmartre. Ihre Schwester Hélène, eine angehende Malerin, hat sie mit dieser Welt vertraut gemacht. Die beiden werden, zum Teil durch die in dieser Zeit gemeinsam gestifteten Freundschaften, ein ganzes Leben mehr oder weniger miteinander in Kontakt bleiben. Sartres Freunde und intellektuelle Weggenossen tun ihr übriges. Zusammen beginnen sie, ein fein gesponnenes Netz von lebenslang anhaltenden Beziehungen zu Menschen zu knüpfen, die bald »la petite famille« genannt werden.

Ihre Zukunft als angehende Schriftstellerin läuft allerdings nur schleppend an. Sie verliert sich in mehreren, nach wenigen Seiten abgebrochenen Schreibversuchen. Zu allem Überfluß muß sie sich auch noch von Sartre trennen, der im Januar 1930 seinen Militärdienst bei einer Wetterstation in Saint-Symphorien bei Tours antritt. Kurz vor dem erzwungenen Abschied wird sie krank, und so schreibt sie in ihrem ersten erhalten gebliebenen Brief vom 6. Januar: »Es ist angenehm, am Tag nach Ihrer Abreise krank zu sein, mein ganz Geliebter, wenn man schon krank sein muß. Ich glitt vom Schlaf in den Wachzustand, ohne je die Erinnerung an diese wundervolle Woche zu verlieren, die wir zusammen verbracht haben; Sie ganz nah bei mir, ganz lieber kleiner Mann, ganz voll Fürsorge und Zärtlichkeit wie Sonntag bei ›dieser Dame‹ (Madame Morel, eine Freundin Sartres, Anm. d. Verf.), und ich war außer mir vor Liebe zu Ihnen und vor Glück.«

Im Fokus ihres Lebens steht nunmehr endgültig Jean-Paul Sartre. Alles dreht sich um ihn, um seine Ideen, seine Pläne, seine Zukunft. Er ermuntert sie, beim Schreiben zu bleiben, obwohl sie durch ihre stets wieder abgebrochenen Versuche zunehmend entmutigt ist. Bevor er sich zum Heimaturlaub anmeldet, schreibt er ihr: »Ich habe, mon cher amour, den Abriß Ihres 1. Kapitels gelesen. Wenn sein Stil genauso einfach ist wie der Ihres Briefes – und nichts sonst – wird es ganz ausgezeichnet.« Vermutlich handelt es sich bei dem genannten Abriß eines 1. Kapitels um den Anfang eines Romans, den zu schreiben sie sich zwingen mußte, nur um zu bemerken, daß sie nichts anderes tat, als bei ihren Vorbildern abzukupfern: Als sie viele Jahre später die Briefe Sartres herausgibt, kann sie sich zu dieser Brief-Passage eine lakonische Fußnote nicht verkneifen: »Einer meiner Romane, die mißlungen sind«, schreibt sie. In ihren Memoiren schildert sie die Szene ausführlicher: »Ich beschloß einen Roman zu beginnen. Ich setzte mich auf einen meiner orangefarbenen Stühle, atmete den Geruch des Petroleumofens ein und betrachtete ratlos das leere Papier: ich wußte nicht, was ich erzählen sollte. Ein Werk schaffen, das heißt in jedem Fall: die Welt zeigen. Ich konnte mich nur aus der Schlinge ziehen, indem ich Weltbilder kopierte, die andere Schriftsteller entworfen hatten. Ohne es mir einzugestehen, imitierte ich. Das ist immer bedauerlich. Wie kam ich dazu, meinen Fall noch zu verschlimmern und *Der große Kamerad* und *Dusty Answer* als Vorbilder zu wählen? Ich hatte diese Bücher geliebt. Ich verlangte von Literatur, daß sie sich über die menschliche Ebene erhob; diese Bücher kamen durch ihren Zug ins Wunderbare meiner Forderung nach. (...) es hätte damals für mich nur eine Aufrichtigkeit gegeben, nämlich das Schweigen.«

Ihre Selbstkritik wird immer erbarmungslos sein, nicht einmal ihre späteren Erfolge werden sie daran hindern, ohne Gnade über sich zu Gericht zu sitzen. Anfang der 30er Jahre aber hält sie trotz aller inneren Kämpfe mit stoischer Gelassenheit an ihrem Vorhaben fest, eine Schriftstellerin zu werden. Dieser Beruf ist ihr zum Selbstzweck geworden, ein Synonym für Befreiung. Sie ist ehrlich genug zuzugeben, daß frau mit Anfang Zwanzig zwar beschließen kann zu schreiben, aber nicht viel zu sagen hat. Die Berufung zum Schreiben aufzugeben, hätte für sie jedoch Kapitulation vor dem Leben bedeutet, das noch nicht einmal richtig begonnen hatte.

Nach seiner Militärdienstzeit denkt Sartre daran, eine Stelle als Lehrer in Japan anzunehmen, und Simone de Beauvoir bemerkt, daß sie anfangen muß, sich um ihre eigene Zukunft zu kümmern, da Sartre keine Anstalten macht, sie in seine Reisepläne einzubeziehen. Im Winter 1930 wird Sartres Bewerbung nach Japan abgelehnt. Statt dessen bekommt er eine Stelle in Le Havre. Simone de Beauvoir erhält einen Brief vom Erziehungsministerium, der ihr einen Posten als Lehrerin in Marseille zuweist. Die beiden Städte liegen jeweils im Norden und im Süden Frankreichs. Nach zwei Jahren intensiver Beziehung müssen sie sich erneut für längere Zeit trennen.

An ihre Ankunft in Marseille erinnert sich Simone de Beauvoir wie an »einen absoluten Wendepunkt in meiner Lebengeschichte«: »Ich hatte meinen Koffer bei der Aufbewahrung gelassen und stand unbeweglich auf der großen Treppe. ›Marseille‹, sagte ich mir. (...) Da war ich, allein, mit leeren Händen, abgeschnitten von meiner Vergangenheit und von allem, was ich liebte, und ich schaute auf die große, unbekannte Stadt, wo ich nun ganz allein, Tag für Tag, mit meinem Leben fertig werden müßte. Bisher war ich ganz von anderen Menschen abhängig gewesen. Grenzen und Ziele waren mir gesteckt, und ein großes Glück war mir geschenkt worden. Hier existierte ich für niemanden. Irgendwo unter einem dieser Dächer würde ich jede Woche vierzehn Stunden Unterricht geben müssen.«

Sie ist keine gewöhnliche Lehrerin für ihre Schülerinnen, sondern eine wundersame Gestalt aus dem sagenumwobenen Paris, die es in die Provinz verschlagen hat. Ihr Unterricht, ihre Art zu sprechen und die offenkundige Distanz zu ihren Kolleginnen und Kollegen am Lyzeum machen sie zu einer Ausnahmeerscheinung. Schon bald laufen ihr die Mädchen auf dem Weg zur Metro hinterher, um sie in ein persönliches Gespräch zu verwickeln. Doch die Zuneigung ihrer Schülerinnen kann nicht darüber hinwegtäuschen, daß sie einsam

ist. Sie macht lange Wanderungen durch die provenzalische Land-
schaft, wofür sie von ihren Kolleginnen schiefe Blicke und spitze
Bemerkungen erntet – denn es schickt sich nicht für eine alleinste-
hende Frau, per Anhalter und zu Fuß allein die Gegend zu erkun-
den. Die meiste Zeit aber verbringt sie in ihrem Hotelzimmer, das
sie in der Nähe des Bahnhofs gefunden hat, um das Gefühl zu haben,
an dem Ort in Marseille zu schlafen, der dem mehr als 800 Kilometer
entfernten Paris am nächsten ist.

Oft geht sie in ein nahe gelegenes Café, setzt sich mit Stift und
Papier an einen Tisch und schreibt. Sie legt sich kleine Stilübungen
auf: Beschreibungen des Raumes, der Cafébesucher, des Lebens in
Marseille. Aber es befriedigt sie nicht. Sie wendet sich wieder ihrer
Vergangenheit zu: Der Tod Zazas läßt sie nicht los. Erneut versucht
sie, ihn in eine kleine Geschichte zu transformieren. Sie verknüpft
sie mit anderen Frauengestalten, die ihre eigenen Züge und die ihrer
Freundinnen tragen. Das Vorhaben scheitert aber daran, daß sie um
Zazas Tod herum keine glaubwürdige Romanhandlung zustande
bringt. Sie reißt ihn aus dem Zusammenhang und versucht statt dessen, das Exemplarische an dem Tod der Freundin sichtbar zu machen. »Mein Irrtum war, dieses Drama aus den äußeren Umständen
zu lösen, die ihm seine Wahrheit verliehen. Ich brachte nur den
theoretischen Hintergrund – den Konflikt zwischen der bürgerlichen Sklerose und dem Willen zum Leben – und dann die nackte
Tatsache: Zazas Tod. Das war ein doppelter Fehler; denn die Kunst
des Romans fordert, daß man transponiert, eben damit man über die
Anekdote hinauskommt und eine nicht abstrakte, sondern unlösbar
in der Existenz verankerte Bedeutung im vollen Licht zeigt.«

Ihre rückblickende Selbstkritik beinhaltet viel von den Vorwür-
fen, denen Simone de Beauvoirs Bücher später in den Feuilletons
ausgesetzt waren: zu konstruiert, zu wenig poetisch beseelt, zu mas-
kenhaft. Immer wieder hielt man ihr vor, ihre Bücher seien nichts
anderes als Staffage für die philosophischen Ideen Sartres, eine Illu-
stration seiner Philosophie. In der Anfangszeit ihres Schreibens setzt
sie sich mit diesen Problemen auseinander, sie schult sich in den
Techniken des Schreibens. Ihre Beharrlichkeit kennt aber Grenzen.
Nach jedem gescheiterten Versuch legt sie lange Pausen ein. Oft ist
es Sartre, der sie dazu überredet, wieder von neuem anzufangen.
Beide träumen davon, ihre Bücher einmal veröffentlichen zu kön-

nen. Aber noch führen sie das Leben zweier Beamter, die in ihrer üppig bemessenen Freizeit ihrem Hobby, dem Schreiben, nachgehen.

Beauvoir bleibt ein Jahr in Marseille und fährt so oft es geht nach Paris, um ihre Freunde zu treffen. Ihren eher heiter gestimmten Beschreibungen in den Memoiren zum Trotz, erzählt sie fünfzig Jahre später ihrer Biographin Deirdre Bair, die Zeit in Marseille sei »das unglücklichste Jahr meines Lebens« gewesen. Die Konflikte mit der Schulleitung, die ihre unkonventionellen Lehrmethoden argwöhnisch verfolgt, häufen sich. Eltern fordern eine Aussprache mit dieser Pariser Person, die ihren Töchtern unappetitliche Passagen aus den Werken André Gides zu lesen gibt. Simone de Beauvoir ist nicht nur unzufrieden mit sich, sondern hat auch von ihren Schülerinnen keine besonders hohe Meinung. Ihrer Biographin gegenüber, die sie in langen Gesprächen zu jeder Phase ihres Lebens befragt hat, läßt sie sich sogar zu einem Fazit hinreißen, das offene Verachtung für die ihr anvertrauten Mädchen offenbart: »Pummelige kleine Mädchen, die noch ein bißchen intellektuelle Politur erhalten sollten, bevor sie mit dummen Jungen aus guten Familien verheiratet wurden, die ihrer eigenen Herkunft entsprachen. Die Vorstellung, daß solche Leute sich zusammentaten, um sich in alle Ewigkeit fortzupflanzen, war so deprimierend, daß ich versuchte, gar nicht daran zu denken.«

Die Authentizität dieser sowie anderer erstaunlich grober Äußerungen de Beauvoirs in dem Buch von Deirdre Bair ist oft angezweifelt worden. Die Amerikanerin habe kaum das Französische beherrscht, heißt es, und Simone de Beauvoir habe sich während der Interviews daher nicht selten unwohl gefühlt. Eigentlich hatte Deirdre Bair mit Beauvoir abgesprochen, daß sie das Manuskript autorisieren sollte, doch dazu kam es nicht mehr, weil de Beauvoir kurz vor Beendigung des Manuskriptes starb.

Ob Simone de Beauvoir tatsächlich eine solch vernichtende Meinung über ihre Schülerinnen in Marseille offen ausgesprochen hat, bleibt ungeklärt – eines ist aber sicher: Sie behandelt nicht alle ihre Schülerinnen gleich. Den wenigen, denen sie zugetan ist, schenkt sie all ihre Aufmerksamkeit, lädt sie zu sich ein und gibt ihnen kostenlosen Nachhilfeunterricht. Einige werden zu engen und lebenslangen Freundinnen.

Ende März 1932 hat das Erziehungsministerium ein Einsehen. Es gibt ihrem Versetzungsantrag in den Norden des Landes statt: Ab dem nächsten Schuljahr soll sie am Lycée Jeanne d'Arc in Rouen unterrichten. Jetzt ist sie nur noch eine Stunde Zugfahrt entfernt von Sartre, der seinen Dienst als Lehrer in Le Havre angetreten hat. In den vier Jahren, die sie in Rouen lebt und arbeitet, bleibt der Bahnhof wie in Marseille für sie Mittelpunkt der Stadt. Sartre kommt häufig, um sie zu besuchen. Aber sie lernt in Rouen auch viele neue Freundinnen und Freunde kennen, von denen sich einige aus dem Kreis ihrer bevorzugten Schülerinnen rekrutieren.

Eine davon ist Olga Kosakiewicz, die 17jährige Tochter eines weißrussischen Emigranten und einer französischen Mutter. Olga verliebt sich 1934 zuerst in ihre neun Jahre ältere Lehrerin und später auch in Sartre. Die Ära des »Trios« wird eingeläutet. In den nächsten Jahren beansprucht diese Dreieckskonstellation mit ihren Intrigen, Eifersüchten und Dramen beinahe die gesamte Energie Simone de Beauvoirs. Sie liefert ihr aber zugleich den Stoff für ihren ersten veröffentlichten Roman, der neun Jahre später, 1943, erscheint: *Sie kam und blieb* (*L'invitée*).

In der Zeit des »Trios« wird die offene Beziehung zwischen Beauvoir und Sartre in den Grundfesten erschüttert. Gleich zu Anfang ihrer Liebe hatte Sartre keinen Zweifel daran gelassen, daß er Affären mit anderen Frauen haben würde. Er war bereits vor seiner Beziehung mit Beauvoir der Schauspielerin Simone Jollivet verfallen, und die exaltierte spätere Geliebte des Regisseurs Charles Dullin spielte noch jahrelang eine wichtige Rolle in seinem Leben. In einer gewissermaßen klassischen Sartre-Argumentation erklärte er de Beauvoir, daß sie einander stets die Ersten bleiben würden, da sie beide eine »notwendige Liebe« verbinde, die keine andere »Zufallsliebe« gefährden könne. Olga stellt dieses Arrangement jedenfalls auf eine harte Probe. Sie beherrscht Sartre mit ihren Launen, terrorisiert Beauvoir mit Tobsuchtsanfällen und treibt die unglückliche Dreiecksbeziehung mit der Energie ihrer Jugend auf die Spitze. In den Augen ihrer Freunde verausgaben sich Beauvoir und Sartre bis zur Lächerlichkeit.

Sie sind so in ihre persönlichen Verstrickungen vertieft, daß sie kaum zur Kenntnis nehmen, was um sie herum passiert. Im Herbst

1933 – noch vor seiner ersten Begegnung mit Olga – geht Sartre für ein Jahr nach Berlin, um am Institut Français Texte deutscher Gegenwartsphilosophen zu studieren. Am 5. März hatte die NSDAP bei den Reichstagswahlen 44 Prozent der Stimmen erhalten. Es war die letzte freie Wahl in der Weimarer Republik. Der neue Reichskanzler Adolf Hitler erläßt in kurzer Abfolge Gesetze, die der fragilen demokratischen Ordnung in Deutschland den Todesstoß versetzen und die die Juden in Deutschland Schritt für Schritt ihrer Rechte, ihrer Würde und schließlich ihrer Existenzberechtigung berauben. Wie viele französische Intellektuelle verschließen Sartre und Beauvoir, die ihn in Berlin besucht, die Augen vor dem offenkundig zutage tretenden Faschismus in Deutschland. Beauvoir schreibt in ihren Memoiren: »Die Stipendiaten des Instituts Français in Berlin sahen den Nationalsozialismus auch nicht mit anderen Augen als der Großteil der französischen Linken. Sie kamen nur mit antifaschistischen Studenten und Intellektuellen in Berührung, die vom bevorstehenden Zusammenbruch des Hitler-Regimes überzeugt waren. Den Parteitag in Nürnberg, die Novemberwahlen erklärten sie als einen Anfall von Massenhysterie. Den Antisemitismus hielten sie für ein zu billiges, zu dummes Vorurteil, als daß man sich ernstlich Sorgen machen könnte.« Ihre Naivität ist erstaunlich, insbesondere was den allgegenwärtigen Antisemitismus in Deutschland angeht. Am 1. März 1933 hatte die SA im ganzen Land, besonders aber in Berlin, einen Boykott jüdischer Geschäfte inszeniert und diesen mit Gewalt durchgesetzt. Auch der Philosoph Edmund Husserl wird bereits im April 1933 zeitweise als Jude von der Universität Freiburg »beurlaubt«. Martin Heidegger wird kurze Zeit später Rektor der Universität und bricht als NSDAP-Mitglied alle Kontakte zu seinen jüdischen Kollegen und Studenten ab. Jean-Paul Sartre beschäftigt sich einige Monate danach in Berlin intensiv mit den Texten Husserls, ohne von dessen politischer Verfolgung Kenntnis zu nehmen. Sein späteres philosophisches Hauptwerk *Das Sein und das Nichts* basiert auf der Lektüre der Werke von Heidegger und Husserl. Und es wird nach dem Krieg den Begriff der Freiheit in das Zentrum aller philosophischen Überlegungen stellen. Während Sartre 1933 dafür den Grundstein legt, werden um ihn herum alle politisch Andersdenkenden aus dem öffentlichen Leben ausgeschlossen. Sartre wird sich später mit einem Schaudern an diese absurde Situation erinnern; wie für viele andere lag es aber außerhalb seiner Vorstellungskraft, was nur wenige Jahre später offenkundig werden sollte.

Während Simone de Beauvoirs Besuch in Berlin spüren sie die aggressive, Schrecken verbreitende Stimmung im Land. Fassungslos sehen sie auf der Straße lärmende und terrorisierende Braunhemden an sich vorbeiziehen. Aber sie sind weit davon entfernt, sie allzu ernst zu nehmen. 1934 kehrt ein deprimierter Sartre aus den »Berliner Ferien«, wie er es später nennt, zurück nach Le Havre. Es sind weniger die politischen Zustände in Deutschland, die ihn bedrücken, als die Aussicht, jetzt wieder in die Bedeutungslosigkeit seines Lehrerdaseins zurückzukehren. Diese Fehleinschätzung der politischen Lage ließ Sartre und Beauvoir – und mit ihnen eine ganze Ge-

Nie wieder wegsehen: In den 1930er Jahren hatten Beauvoir und Sartre vor dem Aufkommen des Faschismus in Europa – und insbesondere des Nationalsozialismus in Deutschland – noch die Augen verschlossen. In den 60ern wird ihr Engagement dafür um so größer: Das Königspaar beim Verteilen der Zeitschrift *La cause du peuple*.

neration linksgerichteter Intellektueller – nach dem Krieg nicht mehr los. Sie übersetzten den Schock über das eigene Versagen, das Verschließen der Augen vor dem Offenkundigen in ein politisches Engagement, das weit über die bis dahin bekannten Grenzen ihrer eigentlichen Profession, der Schriftstellerei, hinausging: »Engagierte Literatur« sollte dafür das Losungswort werden.

Während die 26jährige Simone de Beauvoir noch die letzten Urlaubstage vor dem Anfang eines neuen Schuljahrs im ungeliebten Rouen genießt, wird am 28. September 1934 in Paris Brigitte Bardot geboren. Die Welt steuert auf eine Katastrophe zu. Der Faschismus greift in ganz Europa um sich. In Italien befindet sich der seit 1922 regierende Benito Mussolini auf dem Höhepunkt seiner Macht. 1935 werden in Deutschland die Nürnberger Gesetze erlassen, die Juden zu Staatsbürgern zweiter Klasse machen und ihnen unter anderem eine Eheschließung mit Nichtjuden verbieten. 1936 beginnt der Spanische Bürgerkrieg, der mit dem Sieg Francos endet. Louis und Anne-Marie Bardot beschäftigen sich kaum mit Politik, und auch die kleine Brigitte wächst heran, ohne zunächst von den Stürmen um sie herum erfaßt zu werden.

Simone de Beauvoir und Jean-Paul Sartre verbringen die zweite Hälfte der 30er Jahre bis zum Ausbruch des Krieges als Lehrer und Privatgelehrte, die sehr darum bemüht sind, ihre Studien zu vertiefen, und den Rest der Zeit dafür nutzen, ihre privaten Sorgen in den Griff zu bekommen. »Ich hatte zwar hartnäckige, aber bescheidene Ambitionen, und der Lauf der Welt, wenn er mich interessierte, war trotzdem nicht meine Angelegenheit«, schreibt Simone de Beauvoir.

Von Politik, so meint sie damals, verstehe sie nichts, und erst der Krieg wird daran etwas ändern. Bis dahin aber hat sie noch einige harte Jahre durchzustehen.

Sartres Affären ziehen immer weitere Kreise. 1937 verliebt er sich in Olgas jüngere Schwester Wanda, und Simone de Beauvoir muß hilflos mit ansehen, wie Sartre sich zunehmend in seine unglücklichen Liebschaften verstrickt, auch wenn er nach wie vor betont, sie stünden stets an zweiter Stelle – hinter der großen »notwendigen« Liebe zu ihr. Sex spielte zwischen den beiden nie eine entscheidende Rolle, in dieser Zeit aber verwandelt sich ihre Liebe in eine gänzlich platonische Leidenschaft.

Die Arbeit als Lehrerin wird Beauvoir allmählich zur unerträglichen Last. Die Texte, die sie nachmittags oder abends schreibt, gelingen ihr ebensowenig. Außerdem nimmt Sartre sie mit den Korrekturen an seinem Manuskript in Beschlag. Sein erster Roman, *Der Ekel* (*La nausée*), wird ein großer Erfolg werden. Im Februar 1937 wird sie schwer krank. Nach einem Zusammenbruch in der Wohnung einer Freundin stellen die Ärzte fest, daß ihre Lunge nach einer verschleppten Erkältung kaum noch funktionsfähig ist. Fünf Monate muß sie das Bett hüten. Dabei hat sie genügend Zeit, ein bitteres Fazit über ihr derzeitiges Dasein zu ziehen: »Dreißig Jahre alt, beruflich erledigt.«

Doch Beauvoir gibt nicht auf. Das Schreiben bietet sich ihr wie so oft als Ausweg an. Sie überarbeitet ihre Notizen und die kurzen abgebrochenen Erzählungen und fügt diese zu fünf Geschichten über Frauen zusammen, die nur lose miteinander verbunden sind: Marcelle, Chantal, Lisa, Marguerite und Anne beschreiben sie selbst und Figuren aus ihrer Vergangenheit. Die zentrale Geschichte handelt von Zazas Tod, der sie noch immer beschäftigt, aber auch die anderen Frauen stehen für einen gescheiterten Selbstfindungsprozeß. Sie, die sich jahrzehntelang weigern wird, als Feministin bezeichnet zu werden, beschreibt in ihrem ersten fertiggestellten Manuskript detailliert die gesellschaftlichen Kraftfelder, in denen sich Frauen ihrer Generation bewegen und an denen sie letztlich scheitern. Sie ist endlich zufrieden mit dem Text, und auch Sartre lobt ihn: Es seien »bemerkenswerte Zeitdokumente, die die Realität über die Situation der Frauen mit Klarheit, Schärfe, Leidenschaft und Überzeugung darstellen«. Voller Zuversicht legt er 1938 das Manuskript seinem Lektor Brice Parain beim Verlag Gallimard vor, in dem vor kurzem *Der Ekel* erschienen ist. Auch Simone de Beauvoir teilt nunmehr Sartres Optimismus. Sie erzählt ihren Eltern von ihrer kurz bevorstehenden ersten Veröffentlichung und organisiert bereits Parties zur Feier ihres Erfolgs. Doch das Manuskript wird abgelehnt. Die Begründung ist nur aus dritter Hand bekannt: Simone de Beauvoir bekommt sie laut Aussage ihrer Biographin Bair von Sartre, der wiederum mit Parain gesprochen hat. Demnach spreche nicht die Qualität des Textes gegen eine Veröffentlichung, sondern der gefährdete Ruf des Hauses Gallimard, das seine Stammkunden und Kritiker nicht mit einem Buch verärgern wolle, das von einer Frau geschrieben sei und von Frauen handele. »Das moderne Frankreich und die französischen Verlage« interessierten sich nicht dafür, »was Frauen dachten, fühlten und wollten«. Die Veröffentlichung eines solchen Buches könnte Gallimard zu einem subversiven Verlagshaus abstempeln, befürchtet Brice Parain. Simone de Beauvoir ist völlig verzweifelt, und nach Aussage ihrer Biographin kann sie ihrer Wut nicht einmal freien Lauf lassen. Denn Sartre äußert die Bitte, »nichts Negatives über Gallimard zu sagen, weil sie so mächtig seien und er sie bräuchte, und ich vielleicht auch mit meinem nächsten Roman. So hielt ich den Mund und schluckte meine Enttäuschung herunter. Als Erklärung gab ich an, daß das Buch nicht gut geschrieben war und sich wahrscheinlich nicht verkauft hätte, weil es von dummen Mädchen handelte.«

Sartre versucht es bei einem zweiten Verlag: Henry Muller, Lektor bei Grasset, flüchtet sich in Standardformeln. Er lobt zwar höflich die »Intelligenz und die Gabe zu Analyse und Beobachtung«, findet aber leider keine »echte Originalität«. Simone de Beauvoir verbietet Sartre, noch weitere Klinken zu putzen. Vierzig Jahre lang wird ihr »Gesellenstück«, wie sie es nennt, unveröffentlicht in der Schublade liegen, bevor es 1979 als ihr letztes erzählerisches Werk unter dem Titel *Marcelle, Chantal, Lisa ... (Primauté du spirituel)* erscheinen wird.

»Ich betrachtete mich als Versager und hielt mich für unwürdig«, erinnert sie sich später. Während man Sartre nach dem Erscheinen von *Der Ekel* als Genie bezeichnet und ihn bittet, Artikel für renommierte Literaturzeitschriften zu schreiben, ist Simone de Beauvoir völlig demoralisiert. Sie zieht eine unsichtbare Schutzmauer um sich, beschäftigt sich kaum mehr mit der Außenwelt. Die heraufziehende Katastrophe eines von den Nationalsozialisten angezettelten Krieges will sie noch immer nicht zur Kenntnis nehmen, und so läßt sie sich 1938 wie viele andere einreden, das Münchner Abkommen beweise doch den Friedenswillen Hitlers. Später bereut sie diese Haltung: »Zu meiner Schande muß ich eingestehen, daß ich erst durch den Krieg begriffen habe, daß ich in der Welt lebte und nicht außerhalb davon.«

Auch Sartre verkennt die Lage völlig. Noch am 31. August 1939 schreibt er an Bianca Bienenfeld, eine ehemalige Schülerin Beauvoirs, mit der er in diesem Sommer eine Affäre begonnen hat: »Hab' Vertrauen. Hitler kann unmöglich einen Krieg anzetteln bei der Einstellung der deutschen Bevölkerung. Das ist Bluff.« Am nächsten Tag marschieren die deutschen Truppen in Polen ein. Zwei Tage später erklären Frankreich und England dem nationalsozialistischen Deutschland den Krieg.

Sartre wird eingezogen. Unvermittelt findet sich der Philosoph im Krieg wieder, obwohl es zu seinem Leidwesen im Durcheinander der ersten Kriegstage einige Zeit dauert, bis er eine Uniform verpaßt bekommt. Er versucht sich dennoch ein kämpferisches Aussehen zu verleihen: »Ich hatte diesen Anzug angezogen, den Sie kennen, aber ich habe die Baskenmütze durch eine mir übrigens viel zu große Mütze ersetzt. Jedoch sehe ich viel kriegerischer aus als vorher. Kommt das vom Krieg?« fragt er am 4. September Simone de Beauvoir, die in Paris versucht, ihr normales Leben aufrechtzuerhalten. Bald müssen beide einsehen, daß es aussichtslos ist, die Augen vor der Wahrheit zu verschließen. Nichts ist mehr wie es war. Die wirkliche Welt hat sie eingeholt.

Simone de Beauvoir beschließt, ein Kriegstagebuch zu führen. Außerdem schreibt sie täglich einen Brief an Sartre, der bei einer Wetterstation stationiert, also in relativer Sicherheit ist. Sie listet in ihren Briefen an ihn gewissenhaft jedes kleine Gerücht, jede Intrige, jeden Streit auf, der ihr in den Pariser Cafés zu Ohren kommt. So versucht sie, die Distanz zwischen ihnen so klein wie möglich zu halten. Der Krieg wird kurzfristig zur Farce. Neun Monate, bis zur Invasion der Deutschen im Juni 1940, passiert überhaupt nichts: »La drôle de guerre«, nennen es die Franzosen, den komischen Krieg. Simone de Beauvoir unterrichtet mittlerweile an einem Pariser Gymnasium, aber die Arbeit langweilt sie über alle Maßen. Doch das »Warten auf den Krieg« scheint bei ihr neue Energien freizusetzen, die sie ihre Angst und den Ausnahmezustand vergessen lassen. Sie schreibt jetzt regelmäßig. Nicht nur täglich Tagebuch und Briefe an Sartre, sondern auch an einem neuen Roman. Anders als in den Texten zuvor wendet sie sich zum ersten Mal ausschließlich ihren eigenen Erfahrungen zu und läßt von der Geschichte Zazas ab. Die Erfahrung, seit zehn Jahren den geliebten Mann stets mit anderen Frauen teilen zu müssen, schiebt sich als drängendes Phänomen in den Vordergrund.

Zum ersten Mal macht sie sich Gedanken darüber, wie sie einem

Publikum *ihre* Geschichte erzählen kann, ohne sich wirklich preiszugeben. Denn davon handeln im Grunde alle ihre Bücher, selbst später *Das andere Geschlecht*. Sie begibt sich auf einen literarischen Schauplatz, den alle Schriftsteller kennen, der für Frauen aber besondere Fallstricke bereithält: das qualvolle Überschreiten der Grenze zwischen Privatem und Öffentlichem. Dabei geht es nur vordergründig um den Schutz der allgemeinen Privatsphäre, denn sie setzt sich im besonderen Maße auch als Frau aus. *Sie kam und blieb* (*L'invitée*) beschreibt die Dreiecksbeziehung von Françoise, Xavière und Pierre. Eine Nebenrolle besetzt ein gewisser Gerbert als Assistent des Regisseurs Pierre. Die Charaktere im Buch tragen in unterschiedlicher Schärfe die Züge des Trios aus ihrer Zeit in Rouen. Während die Heldin Françoise die Situation Simone de Beauvoirs nachzeichnet, bekommt Pierre die Position Jean-Paul Sartres und Xavière die Olgas. Der sympathische Gerbert ist Jacques-Laurent Bost nachempfunden, dem Françoise zärtlich zugeneigt ist, ohne diesem Gefühl wirklich nachzugeben. Die Ähnlichkeit der Figuren mit der *petite famille* ist Simone de Beauvoir sehr wohl bewußt – und auch die Schwierigkeiten, die sich daraus ergeben: »Ich habe in Françoise zu viel von mir selbst gelegt, ich konnte sie nicht mit einem Mann liieren, der mir fremd gewesen wäre; meine Phantasie wehrte sich gegen diese Unterschiebung. Aber es widerstrebte mir nicht weniger, der Öffentlichkeit ein Bild Sartres zu liefern, so wie ich ihn kannte. (...) Von Selbstzensur und vielerlei Sperren in meinen Wahrheiten eingeschränkt, gelang es mir nicht, eine Persönlichkeit zu schaffen und noch ein Porträt zu zeichnen.«

Doch Simone de Beauvoir ist zu sehr Philosophin, um sich allein auf die Figuren zu beschränken. Der Roman soll nicht einfach ihre Geschichte wiedergeben, sondern sie gewissermaßen transzendieren. Seit jeher sucht sie nach dem Wesenhaften des Lebens, nach den Gesetzlichkeiten, denen es unterworfen zu sein scheint. Ihr Ziel heißt stets Überschreitung der eigenen Beschränkungen. Das philosophische Gerüst, nach dem sie dafür sucht, findet sie schließlich in der etwa zur gleichen Zeit entstehenden existentialistischen Theorie Sartres. Der langweilt sich auf seinem Posten bei der Wetterstation und vertreibt sich die Zeit mit Schachspielen und Schreiben. Am 9. Dezember 1939 berichtet er Simone de Beauvoir in einem Brief, er habe inzwischen seine ersten Überlegungen, die er »Moral« nennt, abgeschlossen: »Ich werde sie Ihnen hier abschreiben. Es ist sehr lang. (…) Aber ich habe große Lust, daß wir sie diskutieren. Die erste Frage: die Moral ist das System der Zwecke; zu welchem Zweck also muß die Realität handeln? Die einzige Antwort: zu ihrem eigenen Zweck. Kein anderes Ziel kann sich ihr bieten. Stellen wir zunächst fest, daß ein Zweck nur von einem Sein gesetzt werden kann, das seine eigenen Möglichkeiten ist, das heißt, das sich zu diesen Möglichkeiten hin in die Zukunft entwirft.« Simone de Beauvoir ist zunächst nur mäßig begeistert von seiner »Moral«, doch sie verpackt ihre Kritik mit charmanten Komplimenten. Am 14. Dezember schreibt sie zurück: »Ich habe Ihre Hefte fertiggelesen: ich hätte Ihnen gerne den großen Brief zu Ihren Gedanken geschrieben, um den Sie mich bitten, aber es kommt mir (Entschuldigung) wie Bergson in meiner Jugend vor: so vollkommen wahr und endgültig, daß mir nichts zu sagen einfällt; es ist ungeheuer interessant, und so wahr, daß man denkt: ach ja! natürlich – obwohl es verflucht einfallsreich ist – alles über den Willen und die Moral ist überzeugend, und ich entdecke keinen Fehler, und bin vor Erkenntnis wie geblendet – Sie haben einen guten Kopf, mein süßer Kleiner. Nur bin ich gierig nach der Fortsetzung, ich sehe überhaupt nicht, wie sich der Übergang zur praktischen Moral vollziehen wird. (…) Ich finde Zeile für Zeile ganz richtig, ich frage mich nur, wie Sie da herausfinden werden: was muß ich auf mich nehmen, und wenn ich meine Freiheit auf mich nehme, was mache ich mit dieser auf mich genommenen Freiheit?« In dem Roman *Sie kam und blieb* beantwortet sie ihre Frage selbst: Françoise sieht am Ende keinen anderen Ausweg, als ihre Rivalin Xavière zu töten. Die Freiheit lotet ihre Grenzen aus. Obwohl sie mit dem Ende stets unzufrieden bleibt, ist es in philosophischer Hinsicht schlüssig. Selbst die Verantwortung für den Tod eines anderen kann dem Menschen aufgebürdet werden. Darin manifestiert sich – wenn auch in negativer Form – die Freiheit, die ihn von allen anderen Lebewesen unterscheidet. In erzählerischer Hinsicht ist der Schluß des Romans allerdings wenig glaubhaft. Die Hauptfigur Françoise ist zu bedächtig und mitfühlend gezeichnet, als daß man ihr einen Mord zutrauen würde.

In demselben Brief vom 14. Dezember beschreibt Simone de Beauvoir Sartre, was sie derzeit sonst noch beschäftigt: Sie hat eine heftige Affäre mit ihrer Schülerin Natascha Sorokine. Es ist nicht ihre erste sexuelle Erfahrung mit Frauen, bereits mit Olga verband sie mehr als nur Freundschaft. Aber die temperamentvolle Natascha ist von einem anderen Kaliber als Olga. Detailliert schildert sie Sartre, wie Natascha sie versucht zu verführen: »Es war so leidenschaftlich wie noch nie, sie hat eine Nadel von meiner Bluse abgemacht und mir einen Schuh ausgezogen, eine Art symbolisches Ausziehen; und sie hat ungeschickt versucht, mich durch die Kleidung hindurch zu liebkosen.« Nach all den Demütigungen, die sie von Sartre erfahren hat, wenn er ihr in epischer Breite berichtete, was er mit seinen Freundinnen angestellt hat, ist nun der Moment gekommen, gleich- zuziehen. Kokett beendet sie ihren Bericht mit: »Ich werde mit ihr schlafen müssen. Was tun? Ich bin aufgeschmissen und ziemlich in Beschlag genommen von dieser kleinen Person – na und?« Sartre hatte ihr Olga einfach ausgespannt, als er von ihrer Affäre erfuhr. Bei Natascha funktioniert diese Taktik nicht, abgesehen davon, daß er auf seinem Posten festsitzt und erst in einigen Monaten zum er- sten Mal Urlaub bekommt. Mitten im Krieg blüht Simone de Beau- voir ein wenig auf. Nicht nur Natascha sorgt für Leichtigkeit in ihrem Leben, auch die Arbeit an ihrem Roman geht voran.

Am 22. Juni 1940 kapituliert Frankreich. Der britische Schriftsteller und Historiker David Pryce-Jones schreibt in seinem Buch *Der Fall von Paris*: »Es war, als erstürbe alle Hoffnung der Welt. ›Liberté‹, ›Egalité‹, ›Fraternité‹, die großen französischen Inspirationen für Herz und Geist der Menschheit, zählten nichts mehr – Hitlers Ar- mee, gelassen und diszipliniert, marschierte ohne jede Gegenwehr unter dem Triumphbogen hindurch und die Champs-Élysées hinab. Macht war also Recht, alle Gerechtigkeit dahin. Das war keine Er- oberung wie irgendeine andere zwischen vergleichbaren Staaten. Politisch und historisch ausgedrückt, hatte sich ein modernes demo- kratisches Industrieland erstmals einem totalitären Staat gebeugt – ein demütigendes Verdikt über die Demokratie.«

Simone de Beauvoir ist wie erstarrt. Ihre erste Sorge gilt Sartre. Fast einen Monat lang wartet sie auf ein Lebenszeichen von ihm, denn jeder Briefverkehr ist abgebrochen. Er meldet sich zuerst aus Baccarat, dann aus Trier, wo er als Kriegsgefangener interniert wird. »Mein reizender Castor«, schreibt er am 2. Juli 1940 und beginnt sei- nen Brief so, wie in diesen Tagen viele Briefe von Männern beginnen: »Ich bin Gefangener und werde gut behandelt.« Er bittet um ein »Freßpaket, denn hier magert man ein bißchen ab. Ich habe eine schlanke Linie, aber ich möchte nicht, daß sie konkav wird.«

Die Nahrungsmittelversorgung ist auch in Paris zur Hauptsorge Nummer eins geworden. Das Gesicht der Stadt hat sich von einem auf den anderen Tag verändert. Die Cafés, allen voran das Café de Flore, das den Deutschen als Propagandabüro dient, ist plötzlich mit Wehrmachtssoldaten bevölkert. Sie sind begeistert von ihrer unerwartet leichten Eroberung und genießen die mediterrane Atmosphäre, wenn sie ihren Kaffee auf dem sonnenbeschienenen Trottoir trinken. Im Oktober 1940 erhält Simone de Beauvoir wie alle französischen Lehrkräfte ein Formular, auf dem sie bestätigen soll, daß sie keine Jüdin ist. »Ich fand es gräßlich, aber aus rein praktischen Gründen mußte ich es tun. Wer war ich schon? Ein Niemand, weiter nichts. Was hätte es denn geändert, wenn irgendeine unbekannte Lehrerin sich geweigert hätte, eine Erklärung zu unterschreiben, die keinerlei Bedeutung, keine Tragweite und schon gar keinen Einfluß auf irgend etwas hatte? Eine solche Weigerung hätte nur eins bewirkt: daß ich meinen Beruf und meinen Lebensunterhalt verloren hätte.« Wie die meisten Pariser glaubt sie, daß Widerstand zwecklos sei. Mit Hilfe der französischen Behörden gelingt es den Deutschen, bereits am 16. Juli 1940 mit der ersten Massenverhaftung von rund 14 000 Juden zu beginnen. Bis 1944 werden landesweit 76 000 Juden verschleppt und umgebracht.

Der Winter am Ende des Jahres 1940/41 ist bitterkalt, daher verbringt Simone de Beauvoir fast jeden Tag in einem der geheizten Cafés. Im Dôme schreibt sie schließlich den Schluß ihres Romans. Ihre gute Laune des vorangegangenen Jahres ist verflogen. Sie muß mit ansehen, wie Freunde und Bekannte von der Gestapo verhaftet werden, anderen gelingt die Flucht in die Vereinigten Staaten. Von Brice Parain erfährt sie, daß ihr alter Freund, Sartres Studienkollege Paul Nizan, bereits im Mai gefallen ist. Paris leert sich.

Doch dann geschieht das Unvorstellbare: An einem Abend im März 1941 findet sie in ihrem Hotel einen Zettel: »Ich bin im Café Trois Mousquetaires«, steht darauf, und es ist die Handschrift Sartres. Sie rennt außer sich vor Freude in das Lokal, aber Sartre ist nicht mehr dort. Er hat zwei Stunden gewartet und ist dann zu einem Spaziergang aufgebrochen. Sie sitzt atemlos in dem Café und hofft, daß sie sich den Zettel nicht vor lauter Sehnsucht nach ihm nur eingebildet hat. Plötzlich taucht er in der Tür auf. »Ich brachte kein Wort heraus. Er lehnte sich vor und küßte meine Wange, weil ich im ersten Augenblick nicht einmal den Kopf zu ihm hinwenden konnte. Dann umarmten wir uns. Ich weinte ein wenig. Es war ganz seltsam, denn er sagte kaum etwas, und ich – ich versuchte nur, mich zusammenzureißen und mein Schluchzen zu unterdrücken.«

Nach anderthalb Jahren Trennung, die anfänglich nur von wenigen Urlaubstagen Sartres unterbrochen wurde, ist das »königliche Paar«, wie Jacques-Laurent Bost sie nennt, wieder vereint. Das Leben ändert sich schlagartig für Simone de Beauvoir. Sartre hat sich zu ihrem Entsetzen in den Kopf gesetzt, eine Widerstandsgruppe zu gründen. Das Unternehmen scheitert zwar daran, daß niemand aus der *Résistance* die Ambitionen des inzwischen bekannten Schriftstellers ernst nimmt, aber Simone de Beauvoir steht dennoch fassungslos vor der Naivität Sartres und seiner Freunde, die die Deutschen und ihren Repressionsapparat dramatisch unterschätzen. Wie durch ein Wunder geschieht ihnen nichts, auch wenn es mal vorkommt, daß sie unter den Augen der allgegenwärtigen Sicherheitspolizei einen riesigen Vervielfältigungsapparat mitten durch die Straßen von Paris schleppen.

Ansonsten nehmen die beiden ihr gewohntes Leben wieder auf. Sie treffen Freunde, schreiben, arbeiten, machen sogar Urlaub auf dem Land. In ihren Memoiren gibt Beauvoir zu, daß sie sich nicht gerne an diese Zeit erinnert, weil es ihr selbst unfaßbar bleibt, wie sie sich derart mit der Situation hat arrangieren können. Sie nennt die Besatzungszeit »eine so zwielichtige Periode, daß sogar meine Erinnerung an sie unklar ist. Ich habe in der nachfolgenden Friedenszeit oft zu spüren bekommen, wie schwierig es ist, über diesen Zeitabschnitt mit jemandem zu sprechen, der ihn nicht miterlebt hat.«

Inmitten dieser so bedrohlich ruhigen Atmosphäre erfüllt sich Simone de Beauvoirs größter Wunsch: Im Frühsommer 1942 bekommt sie die Nachricht, auf die sie seit dreizehn Jahren wartet. Gallimard wird ihren Roman *Sie kam und blieb* verlegen, sobald er genügend Papier zugeteilt bekommt. Zwar versucht der unverbesserliche Brice Parain sie zu überreden, den Schluß noch einmal zu ändern oder sich »doch ein paar Alternativlösungen einfallen zu lassen«, doch diesmal läßt sie ihn abblitzen. Das Buch wird genauso gedruckt, wie sie es geschrieben hat. Sie ist am Ziel. Mit 34 Jahren ist aus der Lehrerin eine Schriftstellerin geworden.

Die Deutschen bestimmen in diesen Tagen, was erscheinen darf und was nicht. Das hat Simone de Beauvoir immer wieder den Vorwurf eingehandelt, sie und Sartre hätten zumindest passiv mit den Deutschen kollaboriert. Doch zunächst freut sie sich über ihren Erfolg: »Ein Rezensent nannte mich in einem Bericht über Gallimard ›die neue Hausautorin‹. Die Worte klingelten fröhlich in meinem Kopf. Diese junge, seriös aussehende Frau, die am Anfang ihrer Schriftstellerkarriere stand, wie sehr hätte ich sie beneidet, wenn sie mir unter anderem Namen begegnet wäre. Und diese Schriftstellerin war ich!«

Kurz zuvor hat sie nach 12 Jahren ihre Arbeit als Lehrerin aufgeben müssen, weil die Schulleitung erfahren hatte, daß sie mit ihrer Schülerin Natascha Sorokine mehr als nur ein dienstliches Verhältnis hat. Um die ungeliebte Arbeit tut es Simone de Beauvoir nicht leid, aber es bleibt ihr stets unangenehm, über die Umstände ihrer Entlassung zu sprechen. Andererseits bleibt ihr jetzt mehr Zeit zum Schreiben, die sie ausgiebig nutzt. Bis Kriegsende entstehen noch zwei weitere Romane, ein Theaterstück und ein philosophischer Essay. »*Pyrrhus et Cinéas* (*Pyrrus und Cineas*) wurde im Juli fertig, Gallimard nahm es an. *L'invitée* (*Sie kam und blieb*) sollte ein bis zwei Monate später erscheinen. Und ich glaubte, mit *Le Sang des autres* (*Das Blut der anderen*) ein Stück weitergekommen zu sein. Ich war mit mir zufrieden. Mein zweiter Roman würde nicht vor der Befreiung veröffentlicht werden können; aber ich hatte keine Eile. Hauptsache, es käme ein Tag, an dem die Zukunft sich wieder öffnete. Wir zweifelten jetzt nicht mehr daran, wir glaubten sogar, daß wir nicht sehr lange warten müßten. Alles Glück, auf das ich schon geglaubt hatte verzichten zu müssen, erstand wieder; es schien mir sogar, als habe es sich nie in solcher Fülle dargeboten.«

Die Monate vor der Befreiung erlebt sie wie im Rausch. Ihr Roman macht sie zu einer lokalen Berühmtheit, große Schriftsteller wie Jean Cocteau schreiben ihr Glückwunschbriefe, und sie genießt die Aufmerksamkeit, die ihr plötzlich zuteil wird. Sie feiert rauschende Feste mit ihren neuen Freunden und Bekannten, darunter Pablo Picasso, Albert Camus und Jacques Lacan. Mit ihnen und den vielen anderen Intellektuellen, die um sie herum auf das Ende des Krieges warten, schmiedet sie ehrgeizige Pläne für das Leben danach. Die Gesellschaft wird ein neues geistiges Fundament brauchen, glaubt Simone de Beauvoir, und sie fühlt sich zusammen mit ihren Freunden dazu berufen, es ihr zu liefern. Voller Sendungsbewußtsein schreibt sie: »Wir versprachen uns, für immer einen Bund zu schließen gegen die Systeme, die Ideen, die Menschen, die wir verurteilten. Die Stunde ihrer Niederlage würde kommen. Dann würde die Zukunft wieder offenstehen, und es wäre an uns, sie vielleicht politisch, bestimmt aber geistig zu formen. Wir sollten der Nachkriegszeit eine Ideologie liefern. Wir hatten klare Vorstellungen.« Simone de Beauvoir und Jean-Paul Sartre sind jetzt keine schreibenden Lehrer mehr, sondern ein bekanntes Schriftstellerpaar. Sie sind fest davon überzeugt, daß ihre Zeit bald kommen wird. Die Nachkriegszeit wird ihnen gehören.

Simone de Beauvoirs erster Erfolg als Schriftstellerin bestätigt sie darin, als Frau keine Ausnahmeerscheinung zu sein. In ihren Memoiren gibt sie zu, daß sie in den Jahren vor und während des Krieges »noch nie auf die Idee gekommen (war), daß es ein Frausein gibt«. Kurz vor der Befreiung aber lernt sie durch ihre neuen Freunde Frauen kennen, »die die Vierzig überschritten hatten und die bei aller Verschiedenartigkeit ihrer Voraussetzungen und Verdienste doch die gleiche Erfahrung gemacht hatten: ein Leben als ›relative Wesen‹«.

Den französischen Frauen steht Mitte der 40er Jahre nicht einmal das Wahlrecht zu. Es gibt für sie kaum Aussicht auf einen angesehenen oder gar gesellschaftlichen Aufstieg versprechenden Beruf. Und während des Krieges müssen sie es hinnehmen, auf bisher unvorstellbare Weise auf ihre Rollen als Ehefrau und Mutter festgelegt zu werden. Bereits 1934 wird die Anarchistin Jeanne Humbert zu drei Monaten Haft verurteilt, weil sie den Satz des Schriftstellers Victor Margueritte zitiert: »Daß die Frauen keine Kinder mehr zur Welt bringen, solange die Vaterländer das Recht haben, diese zu töten.« Fünf Jahre später, am 29. Juli 1939, wird ein Gesetz verabschiedet, das die Strafen für die strikt verbotenen Schwangerschaftsabbrüche noch verschärft: Es droht Ärzten, Hebammen und anderen Helfern mit bis zu zehn Jahren Gefängnis. Innerhalb der Polizei werden spezielle Brigaden aufgestellt, die sich ausschließlich der Beobachtung von Verdächtigen widmen.

Nach dem Einmarsch der Deutschen verschärft das Vichy-Regime ganz im Sinne der Nationalsozialisten die Repressionen gegen Frauen, die ausschließlich als Gebärerinnen ihren Platz im Staat einzunehmen haben. Die Losung der Regierung klingt harmlos: »Arbeit, Familie, Heimat.« Dahinter lauern – nicht nur für Frauen, aber besonders für sie – Angst, Denunziation und Tod. Eine Krankenschwester wird 1942 zu zwanzig Jahren Zwangsarbeit verurteilt, eine Hebamme zu lebenslänglicher Zwangsarbeit, weil sie der Beihilfe zum Schwangerschaftsabbruch beschuldigt werden. Am 30. Juli 1943 statuiert das Vichy-Regime an der »Engelmacherin« Marie-Louise Giraud ein Exempel, das ein für allemal Schluß machen soll mit den »Mörderinnen der Heimat«: Sie wird zum Tode verurteilt und geköpft. Eigentlich gilt in Frankreich noch immer die republikanische Tradition, Frauen von der Todesstrafe auszunehmen, doch Marschall Pétain macht bei diesem »Verbrechen gegen den Staat« von seinem Gnadenrecht keinen Gebrauch. Der Schock sitzt tief bei den Frauen, und er zeigt noch lange nach Beendigung des Krieges seine Wirkung. Erst 32 Jahre nach dem Tod von Marie-Louise Giraud wird 1975 ein Gesetz zum straffreien Schwangerschaftsabbruch verabschiedet.

Die nur vier Jahre andauernde Besetzung Frankreichs von 1940 bis 1944 schlägt tiefe Wunden in das Bewußtsein der Republik, die noch bis weit in die 60er Jahre das gesellschaftliche Klima beherrschen. Die Frauen, die bereits im Ersten Weltkrieg als »Ruhekissen des Kriegers« bezeichnet wurden und während der Vichy-Zeit als »Gebärerinnen für das Vaterland« gelten, sollen auch nach dem Krieg ihr Haupt nicht erheben. Der Vorwurf der Kollaboration haftet ihnen hartnäckiger an als den Männern, vor allem wenn es sich um die sogenannte sexuelle Kollaboration handelt. Mit dem Feind zu schlafen, ist in den Augen der meisten Patrioten ein Vergehen der schlimmsten Sorte. Man schneidet kurz nach der Befreiung den als Verräterinnen gebrandmarkten die Haare ab und hetzt sie unter Schimpf und Schande durch die Straßen von Paris.

Kurze Zeit nach dem Sieg über die Deutschen erhalten die Französinnen am 21. April 1944 das Wahlrecht – 28 Jahre nach den Engländerinnen und 26 Jahre nach den deutschen Frauen. Es ist eine wohlwollende Geste der *Grande Nation* in Richtung jener Frauen, die als Widerstandskämpferinnen gegen die Deutschen gekämpft haben – drei Viertel der 7000 Französinnen im Konzentrationslager Ravensbrück gehörten der *Résistance* an. Im Alltag der meisten Frauen ändert das Wahlrecht zunächst nicht viel. Nach dem Krieg kehren sie an ihre angestammten Plätze zurück. Das bourgeoise Modell der »Mutter-ohne-Beruf« erlebt eine Renaissance. Die sogenannte Neue Frauenbewegung liegt noch in weiter Ferne: Wenn eine französische Ehefrau arbeiten möchte, braucht sie dafür die Zustimmung ihres Mannes. Über ihr Einkommen kann sie nicht allein verfügen. Manche Berufe sind den Frauen per Gesetz verboten. Frankreich ist die älteste Tochter der katholischen Kirche und weiß diese Tradition zu wahren.

Die Befreiung erlebt die 10jährige Brigitte Bardot als eine »Zeit der Euphorie«. »Wir spazierten mit kleinen Papierfähnchen durch die Straßen, und die amerikanischen Soldaten verteilten Kaugummi, Schokolade und Küsse. (...) Die Schokolade war für mich eine köstliche Entdeckung, die Küsse habe ich vergessen.« Der Siegestaumel in Paris ist unbeschreiblich. Die Menschen lösen sich aus einer vierjährigen Erstarrung und feiern den Sieg über die Deutschen, als könnten sie damit im nachhinein bewirken, daß alles nur ein böser Traum war. Endlich beginnt wieder das Leben. Die Pariser Gesellschaft formiert sich neu. Nach einer kurzen, aber heftigen Zeit der Abrechnung mit den Verrätern und Kollaborateuren stürzt man sich in den Wiederaufbau des Landes, das zwar materiell kaum zerstört, geistig aber demontiert ist. In Kürze werden die Pariser Intellektuellen die gesamte europäische Geisteslandschaft beherrschen. Von hier aus kommen die Impulse für den Aufbruch in eine bessere Zeit.

Für Brigitte Bardot nimmt die Zeit ihrer Kindheit ein frühes Ende. Fünf Jahre nach der Befreiung von Paris startet sie mit 14 Jahren ihre Karriere. Die Pariser Mode- und Filmwelt ist klein in diesen Aufbruchszeiten, jeder kennt jeden, und ein neues Gesicht fällt sofort auf. Der Regisseur Marc Allégret sieht das junge Mädchen auf dem Cover der *Elle*-Nummer vom 22. März 1949 und schickt einen Brief in die Rue de la Pompe: »Würden Sie gerne Filme machen? Wenn Sie Testaufnahmen machen wollen, rufen Sie mich an. Mein Name ist Marc Allégret.«

Brigitte Bardot ist fast noch ein Kind, und die Schule ein Ort, an dem sie sich so wenig wie möglich aufhalten möchte. Die Aussicht, ein Filmstudio von innen zu sehen, klingt dagegen verlockend. Ausnahmsweise ist ihre Mutter der gleichen Meinung. Madame Bardot fühlt sich von der Anfrage des bereits namhaften Marc Allégret geschmeichelt, und so lädt sie ihn ein, Brigitte kennenzulernen. Er kommt mit seinem jungen Assistenten Roger Vadim. Während der Regisseur mit Madame Bardot Konversation betreibt, tritt Roger Vadim auf das zierliche dunkelhaarige Mädchen zu, das auf dem Balkon steht und vom siebten Stock herunter auf die Straße blickt. Es folgt ein denkwürdiger Dialog: »Ich liebe Balkone«, sagt Brigitte. »Warum?« fragt Vadim. »Muß man einen Grund für Liebe haben?« entgegnet sie.

Falls das mehrfach kolportierte Kurzgespräch wirklich stattgefunden hat, ist es mehr als erstaunlich. Die schüchterne 14jährige kokettiert mit einem Mann, der ihr wie ein Wesen von einem anderen Stern vorkommen muß. Er ist viele Jahre älter als sie, auch wenn Vadim über sein genaues Alter widersprüchliche Angaben macht. Sicher ist, daß er mindestens 19, höchstens aber 22 Jahre alt ist, als er Brigitte Bardot zum ersten Mal trifft. Und ihr erster Wortwechsel handelt sogleich von der Liebe. »Ich konnte meinen Blick nicht von ihm abwenden. Er kam mir so merkwürdig vor. Er redete, als gehöre ihm die Welt, und alles, was er sagte, war faszinierend«, erinnert sich Brigitte Bardot. Auch Vadim hat Feuer gefangen. Ihre kindliche Unschuld reizt ihn. Während ihr Tag mit Ballettstunden und dem verhaßten Schulunterricht gefüllt ist, treibt sich der Sohn eines russischen Emigranten in den angesagten Cafés am Montparnasse oder in St.-Germain-des-Prés herum, versucht sich mit Jobs als Reporter für das Magazin *Paris-Match* über Wasser zu halten und träumt von einer Karriere beim Film. Seine Stellung als Assistent bei Marc Allégret feiert er als ersten Schritt in die ersehnte Richtung.

Vadim gilt als Entdecker Brigitte Bardots, ihr Macher, aber zunächst ist er ihr Verführer. Der Altersunterschied zwischen den beiden und mehr noch die Distanz zwischen den Milieus, in denen sie leben, bieten alles, was eine Legende braucht. Das unschuldige Mädchen aus gutem Hause fällt dem nach der existentialistischen Mode dunkel gekleideten Bohemien zum Opfer. Der dunkelhaarige, hagere und düster dreinblickende Vadim ist für Brigitte Bardot der *Deus ex machina*, der sie aus ihrem jugendlichen Gefängnis befreien soll. Ihm wiederum wird ein beinahe krankhafter Ehrgeiz zugeschrieben. Später, nachdem für ihren ersten gemeinsamen Film mit dem Slogan »God created women. And the devil invented B.B.« geworben wurde, nimmt der smarte und öffentlichkeitsbewußte Vadim den Fehdehandschuh mit eleganter Geste auf und schreibt seine Erinnerungen an die gemeinsame Zeit mit Brigitte Bardot (und an seine anderen Frauen wie Anette Stroyberg, Jane Fonda und Cathérine Deneuve) unter dem Titel: *Memoirs of the Devil.*

Doch ihre Liebesgeschichte, die immerhin sieben Jahren andauert und damit eine der längsten im Leben Brigitte Bardots bleiben wird, steht von Anfang an unter einem schlechten Stern. Die ersten Probeaufnahmen mit dem hübschen, ungeschminkten, dunkelhaarigen Mädchen sind ein Desaster. Nicht nur Brigitte Bardot schneidet dabei schlecht ab. Es soll um Roger Vadims ersten Film »Les Lauriers sont coupés« gehen, für den er das Script geschrieben hat. Der Streifen soll von der neuen Generation erzählen, von denjenigen, die der Krieg früh erwachsen gemacht hat, die sich von den Eltern nichts mehr sagen lassen, die lebenshungrig von Tag zu Tag leben, aber hohe Erwartungen an die Zukunft haben. Früher als viele andere Filmemacher spürt Vadim, daß die neue Zeit nach neuen Ausdrucksformen verlangt, die nur das jüngste Medium, der Film, bieten kann. Er ist, so wenig seine späteren Filme auch davon zeugen mögen, einer der Wegbereiter der *Nouvelle Vague*. Ohne großes Produktionsbudget, ohne aufgeblasenen Apparat, ohne künstliche Figuren will er die Geschichten der Nachkriegsjugend erzählen. Er benötigt lediglich das Vertrauen eines unabhängigen Geldgebers. Sein Projekt »Les Lauriers sont coupés« aber wird für »unbestimmte Zeit«, wie es heißt, auf Eis gelegt, nachdem sich der Produzent Pierre Braunberger die katastrophalen Aufnahmen mit Brigitte Bardot angesehen hat. Er wird nie gedreht werden. Roger Vadim Plemiannikov ist von seinem Traum, sich als jüngster französischer Erfolgsregisseur in die Filmgeschichte einzuschreiben, weiter entfernt als je zuvor. Der Sohn eines weißrussischen Vaters, der als Diplomat niederen Ranges nach Frankreich gekommen war, und einer französischen Mutter ist bisher nicht vom Erfolg verwöhnt, aber dafür mit einem unumstößlichen Selbstvertrauen ausgestattet. Er behält es für den Rest seines Lebens, auch wenn er später von Kollegen immer nur als tragische

Figur des Filmgeschäfts belächelt werden wird, der zwar bei den Frauen erfolgreich ist, doch ihnen letztlich immer nur als Sprungbrett für weitaus größere Karrieren dient.

Vadim gibt sich viel Mühe mit dem unerfahrenen und nervösen Mädchen, das sich vor dem Ballettspiegel bewegt wie eine Katze, dessen Charme sich aber in dem Moment verflüchtigt, sobald sie den Mund aufmacht. Die Schauspielerei liegt ihr einfach nicht. Vor der Kamera wirkt sie linkisch, unbeholfen, steif. Sie kann sich keinen Text merken, sie redet zu schnell, zu langsam, die Worte geraten ihr zu holprigen Versatzstücken, in denen kein Leben ist.

Und so erlischt Vadims anfängliches Interesse an ihr. Die Legende erzählt von einer mehrwöchigen Sendepause, bis zu jenem frühherbstlichen Nachmittag, an dem Vadim bemerkt, daß in der Wohnung seines Freundes Daniel Gélin, bei dem er untergekommen ist, wieder einmal das Telefon abgeschaltet worden ist. Er hat noch zwanzig Francs in der Tasche und geht hinaus auf die Straße, ohne zu wissen, wie man mit so wenig Geld den Tag zu Ende bringen kann. Er ruft aus einem Café zwei Freunde an. Niemand ist zu Hause. Da fällt ihm die Nummer dieser kleinen *petite bourgeoise* im 16. Arrondissement ein, die ihm seinen ersten Film vermasselt hat. Sie hebt sogleich ab, plaudert mit ihm, als sei nichts geschehen, und erzählt, daß ihre Eltern aufs Land gefahren seien und ihre Großmutter bei ihr und der Schwester sei, um aufzupassen. Ob er vorbeikommen will? Zum Tee? Er macht sich sofort auf den Weg. Sie verbringen einen amüsanten Nachmittag zu viert. Er begeistert die Damen mit lustigen Geschichten und beeindruckt die beiden Schwestern, für die er ein richtiger Erwachsener ist, nachhaltig mit seinem fremdartigen Charme. Die Großmutter zählt vorsichtshalber das Familiensilber nach, während Brigitte ihn nach ein paar Stunden zum Abschied zur Tür begleitet. Für einige Minuten sind sie allein im Hausflur. Brigittes Wunsch aus der Kinderzeit geht in Erfüllung. Ihren zweiten Kuß bekommt sie von einem attraktiven Mann.

Von da an kennt sie kein Halten mehr. Mit der Inbrunst einer 14jährigen verliebt sie sich in ihn, macht ihn zum Mittelpunkt ihres Lebens. Und in ihm erwacht der Wunsch, aus ihr eine Schauspielerin zu machen – mehr noch, er hält sie für das Gesicht, das Antlitz einer ganzen Generation von Frauen. Diese jungen Frauen scheinen ihm freier, unabhängiger zu sein als ihre Mütter: »Ich glaubte, daß die sechzehn-, siebzehnjährige Frau von heute einen männlichen Geist hat. Sie will wie ein Mann frei sein zu lieben. Ich spreche nicht von der Karrierefrau, der intelligenten Frau oder dem Blaustrumpf. Mich interessiert das Mädchen, das nicht besonders brillant ist, das aber mit beiden Händen nach seiner Freiheit greift und diese auf die natürlichste Weise ausdrückt – vor allem in seiner Beziehung zu Männern.«

Die Gefahr, sich einen Blaustrumpf geangelt zu haben, besteht für Vadim bei Brigitte Bardot sicherlich nicht. In aller Ruhe kann er den Frauenkenner spielen und ihr seine intellektuelle Überlegenheit demonstrieren. Mit 14 Jahren ist man keine Heroine der Freiheit, aber Vadim sieht in Brigitte alle Voraussetzungen, eine zu werden: »Sie hatte einen sehr freien Umgang mit ihrem Körper. Und mit ihrem Geist. Wenn ich sage, frei im Umgang mit ihrem Körper, meine ich die Art, wie sie geht, sich bewegt, wie sie Menschen ansieht, sitzt. Sie war für eine kleine bourgeoise auf eine bestimmte Art sehr revolutionär. Sie näherte sich dem Leben, jeder Art von Problem, mit einem freien Geist.«

Alarmiert von der Großmutter, die berichtet, ein junger Mann tauche täglich auf, um ihrer ältesten Enkelin Besuche abzustatten, kehren Brigittes Eltern frühzeitig aus dem Urlaub zurück. Zunächst halten Anne-Marie und Louis die Verliebtheit ihrer Tochter für eine vorübergehende pubertäre Angelegenheit. Doch Brigitte ist wild entschlossen, eine richtige Frau zu werden. Eines Morgens steigt sie auf dem Weg zur Schule kurzerhand aus dem Bus und fährt, ihre Schulbücher unter dem Arm, zurück in die andere Richtung. Sie läuft in Richtung Avenue de Wagram, wo Roger Vadim bei Freunden ein winziges Zimmer unter dem Dach bewohnt. Am 28. September 1949 ist sie 15 geworden. Im Vorbeigehen sieht sie ihr Spiegelbild in den Schaufenstern: »Mein Gott, sah ich spießig aus mit meinen Kniestrümpfen, meinem Faltenrock, meinem Strickpullover und meinem Pferdeschwanz! Wie ein Mädchen meines Alters eben, dabei wollte ich wie achtzehn aussehen. Maman hatte mir verboten, Nylons oder einen Büstenhalter zu tragen; sie meinte, es wäre noch nicht an der Zeit, mich wie eine erwachsene Frau zu kleiden.« Mit klopfendem Herzen steigt sie die Stufen hinauf, doch oben erwartet sie kein sehnsüchtiger Liebhaber, sondern ein schlechtgelaunter Vadim, der es für eine Unverschämtheit hält, daß man ihn vor zwölf

Uhr mittags weckt. Brigitte erinnert sich an seine barschen Worte, die ihren Mädchenträumen vorerst eine Abfuhr verpassen: »Hast du wenigstens Croissants mitgebracht? Unverzeihlich, meine Liebe! Laß uns weiterschlafen, und komm gegen Mittag wieder.« Er dreht sich um und schläft weiter. Sie läßt sich davon nicht aus der Ruhe bringen. Vollständig angezogen legt sie sich zu ihm ins Bett und erforscht in aller Ruhe seinen gleichmäßig atmenden, warmen Körper: »Doch ich entdeckte, daß sich ein schlafender Mann ganz anders anfühlt als ein wacher, denn ich erkundete seinen Körper, während er schlief, und stellte den Unterschied fest, als Vadim aufwachte …« Am nächsten Tag kommt sie wieder, diesmal mit Croissants und wohlmeinender empfangen als am Morgen zuvor. »Und in Etappen befreite ich mich dann von dieser lästigen Jungfernschaft; jeden Tag blieb etwas weniger davon übrig, und ich erkundigte mich jedesmal, wenn ich mich wieder anzog, ganz ernsthaft, ob ich diesmal eine richtige Frau geworden sei …«

Vadim macht sie auf unverkrampfte Art mit ihrem Körper bekannt, eine ungewöhnliche Erfahrung für ein Mädchen mit der strengen Erziehung eines katholischen Elternhauses. Die Jungs werden in einem Kohl, die Mädchen in einer Rosenblüte gefunden: So oder ähnlich lauteten die Erwachsenenerklärungen in dieser Zeit, von freier Sexualaufklärung konnte jedenfalls keine Rede sein. Offenbar hat Brigitte Glück mit ihrem ersten Liebhaber, der ihr behutsam die Liebe beibringt. Als eines Tages Vadim in die Rue de la Pompe kommt, um Brigitte zu sehen, zeigt ihm der Vater seine Pistole: »Damit bringe ich dich um, wenn du meine Tochter anrührst.« Vadim nimmt die Drohung nicht ernst, aber sie ist ernst gemeint. Die Eltern merken, daß ihre Tochter ihnen entgleitet. Sie lebt nur noch für ihren Liebhaber, jede noch so kleine Trennung bringt sie an den Rand eines Nervenzusammenbruchs. Als er nach Südfrankreich reist, um dort ungestört an seinem nächsten Filmscript zu arbeiten, ist sie verzweifelt. Zu allem Unglück hat ihr der Vater zusätzlich angedroht, sie in ein englisches Internat zu stecken, um diesen jungen Mann endgültig zu vergessen und sich wieder auf ihre ohnehin miserablen schulischen Leistungen zu konzentrieren. An einem Abend, als die Eltern sich mit Mijanou die neu entfachten Lichter der Hauptstadt ansehen wollen, schützt Brigitte Kopfschmerzen vor und bleibt alleine in der Wohnung zurück. »Ich erin-

nere mich noch genau, wie ich Türen und Fenster der Küche sorgfältig schloß und das Gas am Herd aufdrehte; ich erinnere mich, wie
ich mit meinen sechzehn Jahren den Kopf in den Backofen steckte,
der den Geruch des Todes verströmte«, schreibt sie.

Es ist ihr erster Selbstmordversuch, dem eine Reihe ungezählter
weiterer folgen soll. Jedesmal hofft sie so dem Konflikt, vor dem sie
machtlos steht, in einem letzten dramatischen Akt zu entkommen,
indem sie das Gesetz des Handelns wieder an sich reißt. Ihr Scheitern ist wohl allerdings immer einkalkuliert, denn entweder sie
stirbt, oder sie wacht auf, ohne daß sich etwas an der Situation
geändert hätte. So auch bei ihrem ersten Versuch: Die Mutter be-
schwert sich über soviel Ärger, der Vater beschließt, sie könne Vadim zwar heiraten, aber nur unter drei Bedingungen: Er müsse eine
geregelte Arbeit annehmen, vom russisch-orthodoxen zum katholischen Glauben wechseln, und die beiden sollten mit der Hochzeit
warten, bis Brigitte achtzehn sei.

Die frühreife Liebe rebelliert gegen die Moralvorstellungen der
Eltern, die in den Augen ihrer Kinder keine Glaubwürdigkeit mehr
haben. Es ist das klassische Drama der Nachkriegsjugend, das Brigitte Bardot wie Millionen ihrer Altersgenossinnen und -genossen
durchlebt. Wenn sie ihnen später als Protagonistin der Befreiung
vorgestellt wird, wirkt sie nicht zuletzt deshalb überzeugend, weil
sie die Grundmomente der Konflikte dieser Jahrzehnte selbst
durchlebt hat. Zwei Jahre sind es noch bis zu ihrem achtzehnten
Geburtstag, und niemand glaubt, daß sie es durchhalten wird. Ihre
Eltern setzen auf ihre jugendliche Ungeduld. Doch sie verschätzen
sich.

In der Zwischenzeit entwickeln Brigitte und Vava, wie sie Vadim
immer nennen wird, einen unerschöpflichen erotischen Einfalls-
reichtum. Manchmal lieben sie sich mitten im Salon der elterlichen
Wohnung, um jederzeit den Aufzug hören zu können, der die Rückkehr der Eltern ankündigt. Die Eltern lassen derweil keine Chance
ungenutzt, ihrer Tochter eine ganze Riege von Söhnen befreundeter
Ärzte, Anwälte und sogar Schriftsteller vorzustellen, um sie aus den
Klauen dieses Möchtegernregisseurs zu befreien.

1951 erlauben sie ihr sogar, ohne Aufsicht zwei Wochen als Tänzerin die Gäste eines Kreuzfahrtschiffes zu unterhalten. Brigitte ist
überglücklich, das tun zu können, was ihr am liebsten ist – und da-

bei auch noch der Kontrolle der Eltern zu entkommen. »Ich schwelgte in Träumen, halb wahnsinnig vor Glück. Bis zur Abreise mußte ich hart üben, denn ich sollte jeden zweiten Abend auftreten und jedesmal eine andere ›Nummer‹ zeigen.« Auf dem Schiff organisiert sie ihre Auftritte ohne jede Hilfe, probt tagsüber und steht abends mit großem Lampenfieber auf der schwankenden Bühne, um die »Kinderszenen« von Schumann, Liszts »Ungarische Rhapsodie« oder die »Trois Gymnopédies« von Eric Satie zu tanzen. Sie ist in ihrem Element und bewahrt diese zwei Wochen als eine der wenigen Phasen in Erinnerung, in denen ihr die Arbeit Spaß gemacht hat. Beim Tanzen fühlt sie sich sicher, schließlich hat sie eine jahrelange Ausbildung hinter sich, die sich sehen lassen kann. In diesem Metier hat sie ihre ersten Erfolge gefeiert, hat sie Bestätigung von den Eltern, den Lehrern und Mitschülern erhalten. Kein Wunder, daß sie sich vor dem Ballettspiegel wie eine Königin hält. Aber zurück in Paris stellt sie fest, daß niemand sich für ihre Karriere als Tänzerin stark macht. Die Menschen um sie herum, allen voran Vadim, haben andere Pläne.

1952 erhält sie ihr erstes Filmangebot, erstaunlicherweise nicht von Vadim oder seinen Freunden vermittelt, sondern von ihrem Vater höchstselbst, dessen alter Freund Maurice Vernant ihr eine kleine Rolle in dem Film »Le Trou Normand« verschafft. Vadim ist beleidigt und rät ihr, das Angebot abzulehnen. Das Geld aber, so schreibt sie in ihren Memoiren, und die Aussicht, der Schule zu entgehen, überzeugen sie. Letzteres scheint ein plausibles Argument zu sein, doch der Hinweis auf die 2000 Francs, die sie mit dem Film verdient, ist erstaunlich. Zweifellos ist das für einen Teenager eine schnell verdiente und beachtliche Summe, doch es kann für Brigitte nicht mehr als Symbolcharakter gehabt haben, denn niemand in ihrer Umgebung hat ihr je zu verstehen gegeben, daß sie einmal finanziell auf eigenen Füßen stehen müßte. Die Bardots hatten nie etwas anderes für sie im Sinn als eine gesicherte Zukunft als Hausfrau und Mutter. Eine Karriere als Tänzerin, von der die Mutter träumte, war nie wirklich eine ernst gemeinte Option. Dennoch legt Brigitte Bardot ein Leben lang Wert auf Geld – so sehr, daß sie sich den Ruf einhandelt, geizig zu sein. Luxus bedeutet ihr nicht viel, um ihre finanzielle Unabhängigkeit dagegen fürchtet sie sehr. Denn Geld ist der Schlüssel für ihre Freiheit. Mit 16 scheint sie bereits zu ahnen, daß nicht nur Vadim, sondern auch ihre Gage einen ersten Schritt in Richtung Selbstbestimmung bedeutet. Auch Vava bekommt dies zu spüren. Schließlich nimmt sie das erste Filmangebot gegen seinen Rat an. Ihre Leidenschaft, mehr die Schwärmerei eines jungen Mädchens als wirkliche Begeisterung, kühlt nach den ersten Drehtagen allerdings dramatisch ab, als sie feststellt, daß ihre Aufgabe auf dem Set hauptsächlich darin besteht, auf ihre spärlichen Einsätze zu warten und sich der Herrschsüchtigkeit übellauniger Maskenbildnerinnen und Produzenten auszuliefern. Für das wohlbehütete Mädchen ist es ein Schock, sich plötzlich in den Mühlen der Filmindustrie wiederzufinden, die nichts mit dem gemein haben, was Vadim und seine Freunde ihr erzählt haben. »Wenn es so etwas wie die Hölle auf Erden gibt, dann war mein erster Film das beste Beispiel dafür. Ich war schon um sechs Uhr früh auf den Beinen. Kaum war ich wach, überließ man mich den Klauen einer Maskenbildnerin, einer fetten, ordinären, abscheulichen Frau, die mit meinem Gesicht machen konnte, was sie wollte. (...) Ich sah entsetzlich aus und war völlig wehrlos, wurde herumgeschubst, angebrüllt und von vulgären Assistenten, lüsternen Produzenten und abstoßenden Maskenbildnern terrorisiert.« Ihre erste Filmarbeit gerät vollends zum Desaster, als sie einen Monat nach Drehbeginn feststellt, daß sie schwanger ist.

Jeden Morgen wird sie bis an den Rand einer Ohnmacht von Übelkeitsanfällen geplagt. Es gibt keinen Menschen, dem sie sich anvertrauen kann. Sie hält bis zum Schluß durch, von der Entscheidung beseelt, daß dies ihr erster und zugleich letzter Film sein wird. Zu Hause in Paris erwartet sie Vadim, der die Nachricht entsetzt entgegennimmt. Was tun? »Ich war sehr krank, konnte nichts essen. Vadim hatte noch immer keinen Sou, ich nur meine zweihunderttausend alten Francs. Da meine Eltern mich streng überwachten, war an eine Abtreibung nicht zu denken.« Die Möglichkeit, das Kind auszutragen, scheint sie keinen Moment erwogen zu haben. Sie wäre für lange Zeit Gefangene ihrer Eltern geblieben, ihnen mit dem Kind auf Gedeih und Verderb ausgeliefert. Diese Aussicht läßt sie keinen Moment zögern. Sie schafft es, den Eltern ein paar Erholungstage in Megève abzutrotzen. Heimlich fährt Vadim hinterher. »Ich reiste ab, traf Vadim, fuhr in die Schweiz, wo ich auf einer Tischkante abtrieb, kehrte nach Megève zurück und rief meine Eltern an, um ihnen zu sagen, daß es mir bessergehe. An den Folgen dieses Eingriffs wäre ich beinahe gestorben. Diese unangenehme Erfahrung führte zu einer panischen Angst vor einer Schwangerschaft, die ich immer als eine Strafe des Himmels betrachtet habe.«

Die Beziehung mit Vadim ist wie ein erloschener Stern auf dem Boden der Realität gelandet. Brigittes Eltern aber weigern sich nach wie vor, den Tatsachen ins Auge zu sehen, und drangsalieren die beiden mit strengen Verboten und Drohungen, falls Vadim ihre Tochter »entehre«. Brigitte vergißt darüber ihre guten Vorsätze und nimmt ein zweites Filmangebot an: »Sommernächte mit Manina«, in dem sie in einem knappen Bikini zu sehen ist. Louis Bardot ist über den Anblick entrüstet und geht vor Gericht, um zu erzwingen, daß die Szene herausgeschnitten wird. Roger Vadim wird indes seinem Image gerecht: Er erzählt die Geschichte so oft und so ausführlich seinen Kollegen bei *Paris-Match*, bis sie beginnen, sich für die kleine Skandalnudel zu interessieren, die es schafft, ihren Vater derart gegen sich aufzubringen, während sie noch unter seinem Dach wohnt. Für Vadim gilt von nun an: Es gibt keine schlechte Publicity, und er wird nicht müde, den Journalistinnen und Journalisten Futter für ihre Stories über Brigitte zu liefern, so daß sie ab und zu Einzug auf den hinteren Seiten des Klatschblattes hält. Er hat immer ein Foto von ihr zur Hand, wenn er sich mit Leuten im Café trifft. Auch Willi Frischauer, einer der ersten Biographen von Brigitte Bardot, treibt sich manchmal dort herum: »Er (Vadim, Anm. d. Verf.) hätte nicht soviel Aufmerksamkeit von seinen Kollegen bei der Zeitschrift erhalten, wenn er nicht andauernd und so überzeugend über seinen Schützling Brigitte Bardot – mit dem Wort Verlobte waren in diesen Kreisen keine Punkte zu machen – geredet hätte, die er als phänomenal hübsche und außerordentlich begabte junge Tänzerin und Schauspielerin beschrieb. Zur Unterstützung zog er bei jeder Gelegenheit die Fotos von Brigitte hervor wie ein Zauberer sein Kaninchen. Die geschulten Augen seiner Freunde erkannten einen Magnetismus, der die sauren Kommentare (die später gemacht wurden) Lügen strafte, nach denen nur der Erfolg sie attraktiv gemacht habe und nicht ihre eigene Anziehungskraft. Die Bilder spiegelten ihre herausfordernden Instinkte wider, aber wenig von der gerühmten ›Unschuld‹, auf der Vadim unaufhörlich herumritt, um die Wirkung zu erhöhen. Es war bestenfalls herausfordernde Unschuld, der Köder einer Lolita.«

Man kann sich die Herrenriege lebhaft vorstellen, wie sie mit Kennerblick verschwitzte Kommentare abgibt. Es sind solche Szenen, die Vadim den Ruf einhandeln, seine Braut feilzubieten, noch bevor er sie sich selbst gesichert hat. Er selbst wehrt sich in seinen Memoiren gegen die Vorwürfe: »Spiegel bieten ein umgekehrtes Bild. Wenn man hineinschaut, bemerkt man es nicht, aber wenn man die Seite eines Buches vor das Glas hält, wird sie unleserlich. Mit Zeitungen verhält es sich umgekehrt. Man liest sie von hinten nach vorne, ohne es zu merken. Sehr oft muß man das Bild dekodieren, das die Worte suggerieren. Das journalistische Image von Brigitte und mir, das die Öffentlichkeit goutierte, war geprägt von Ausschweifung, Zynismus, sozialem Aufstieg und Verachtung aller moralischen Gesetze. (...) Weder die Zeitungen noch ihre Leser hatten die geringsten Bedenken, ob dies der Wahrheit entsprach.«

Am 21. Dezember 1952, knapp drei Monate nach Brigittes achtzehntem Geburtstag, heiraten sie und Roger Vadim Plemiannikow in der katholischen Kirche von Passy. Das Hochzeitsbild zeigt eine versteinerte Braut, die von ihrem weißen Schleier eingehüllt wie eine Statue zwischen den beiden dunkelgekleideten Männern aufragt, Vadim rechts von ihr, ihr Vater Louis Bardot links. Die zwei Frauen am linken Bildrand, Brigittes Mutter Anne-Marie und Vadims Mutter, sind die einzigen, die ein zaghaftes Lächeln wagen. Die ganze Hochzeitsgesellschaft scheint vom Kampf gezeichnet. Das junge Paar zieht in eine kleine Wohnung in der Rue Chardon-Lagache, die ihnen von Brigittes Eltern zur Verfügung gestellt wird. Die Ehe hält noch einige Jahre, aber die Beziehung erlebt eine rasante Talfahrt. Vadim hat dafür im Rückblick eine plausible Erklärung: »Der Kampf um das Recht zusammenzuleben hatte uns mehr erschöpft als wir dachten; das Potential an Geduld und Verständnis füreinander, das man in den frühen Phasen einer Ehe benötigt, war bereits verbraucht.« Zunächst stürzt sich Brigitte in ihre Rolle als Ehe- und Hausfrau, doch als sie merkt, daß Vadim dafür nur wenig übrig hat, läßt sie es bleiben. Sie wird erneut schwanger. Ihre Abneigung gegen das Kinderkriegen ist inzwischen zu einem unüberwindlichen Ekel geworden, für den sie in ihrer Biographie drastische Worte findet: »Die Vorstellung, mir meine Jugend von einem brüllenden Säugling verderben zu lassen, Tag und Nacht ans Haus angebunden zu sein,

Windeln zu waschen, Breichen zu kochen, den Geruch geronnener Milch einzuatmen, ganz zu schweigen von der Verantwortung auf Lebenszeit – all das machte mich regelrecht depressiv.« Auf Abtreibung steht in Frankreich noch immer Gefängnisstrafe. Für ihren zweiten Schwangerschaftsabbruch bezahlt Brigitte Bardot erneut fast mit dem Leben. »Ich fand jemanden in der schmutzigen Wohnung eines Arbeiterviertels; ich ließ mich ohne die geringste Hygiene ›behandeln‹, und ich bekam meine Blutung. Mit Blaulicht mußte ich in die Klinik gefahren werden. In diesem Augenblick hatte ich eine synkopische Krise. Entweder war die Narkose zu stark gewesen, oder ich reagierte allergisch auf ›Penthotal‹, jedenfalls hörte mein Herz mitten auf dem Operationstisch plötzlich auf zu schlagen. Ich bekam eine Herzmassage verpaßt, und – dem Himmel sei Dank – mein Herz fing wieder an zu schlagen.«

Brigitte Bardot ist zwanzig und arbeitet inzwischen an ihrem neunten Film. Drei Tage nach ihrer Abtreibung steht sie wieder vor der Kamera; sie bekommt vom Scriptgirl zehnmal täglich eine Schmerzspritze, um die Dreharbeiten durchzustehen. Aus dem Spiel von einst ist längst Ernst geworden. Vadim hat dafür gesorgt, daß seine Frau professionell betreut wird. Sie bekommt eine Agentin, Olga Horstig-Primuz, die auch den damaligen Star der französischen Filmszene, Michèle Morgan, unter Vertrag hat. Olga Horstig erweist sich für Brigittes Karriere als Glücksgriff. Als erfahrene Geschäftsfrau behält sie in den nächsten 20 Jahren die Nerven, auch in Situationen, in denen Brigitte Bardot von ihrem Erfolg überrollt wird. »Ich habe sie nie verlassen und sie zärtlich ›Mama Olga‹ genannt«, schreibt sie. »Sie hat meine Karriere nach besten Kräften gefördert. Vor allem aber hat sie mir immer mütterliche Zuneigung und große Nachsicht entgegengebracht.« Olga rät ihrem neuen Schützling, Unterricht in der berühmten Schauspielschule René Simons zu nehmen. Das war so, »als ob man eine Anzeige im *Variety* schaltete«, schreibt Glenys Roberts in ihrer Biographie von Brigitte Bardot. »Französische Filmleute wandten sich automatisch an Simon, wenn sie eine Rolle zu besetzen hatten. Jedes ruhmsüchtige kleine Mädchen wollte von ihm angenommen werden.« Brigitte Bardot mag den exzentrischen Lehrer nicht, und die Lektionen, die er vorträgt, findet sie vulgär. Er spricht viel von den Gefahren des Ruhmes,

wenn er zu schnell kommt, und von den harten Realitäten des Filmgeschäfts. Dabei bedient er sich einer für damalige Verhältnisse dra-
stischen Sprache. Die wohlerzogene Brigitte widert es an, wenn er
das Wort »pinkeln« benutzt. Sie schreibt, daß sie es nur eine einzige
Stunde ausgehalten habe, dann »zog ich von dannen, insgeheim
davon überzeugt, daß es keinen besseren Lehrmeister gibt als die
Arbeit selbst und daß das Leben uns mit der Zeit das vermittelt, was
man Erfahrung nennt«.

In Wirklichkeit aber hat sie keine Lust, das Handwerk zu erler-
nen. Die Schauspielerei interessiert sie noch immer nicht. Aber sie
ist längst Teil einer Maschinerie geworden, die sie unaufhaltsam von
Film zu Film katapultiert. Und die Angebote locken sie immer wieder. Das Filmgeschäft boomt, es braucht viele neue Gesichter. Nur
der Glanz, den es verspricht, läßt auf sich warten. Noch immer
schlägt sich Brigitte Bardot mit kleinen Rollen in schlechten Filmen
herum. Ab und zu gelingt es ihr doch, die Aufmerksamkeit auf sich
zu ziehen – und in diesen Momenten, wenn sie im Mittelpunkt
steht, ist es wie früher vor dem Ballettspiegel: Sie richtet sich auf,
ihre Bewegungen werden fließend, sie ist schlagfertig, verführe-
risch, charmant.

Auf den Filmfestspielen in Cannes im April 1953 heißen die Stars
Leslie Caron – eine ehemalige Schulkameradin von Brigitte –, Lana
Turner, Gary Cooper und Kirk Douglas. Brigitte Bardot und Roger
Vadim sind ohne Einladung nach Cannes gefahren und schauen sich
die Stars aus der Ferne an. Immerhin hatte Brigitte kurz zuvor einen
Auftritt von einer halben Minute in einem Film mit Kirk Douglas.
In »Ein Akt der Liebe – Das Mädchen von der Seine« spielt sie eine
französische Dienstmagd, die den folgenschweren Satz spricht:
»Dinner is served.« Vor der Bucht von Cannes ankert in diesem
Frühling der amerikanische Flugzeugträger »Midway«, und der
Kommandant lädt alle Filmstars zu einer Party ein. Es gibt zahlreiche Versionen von der berühmten Geschichte – Brigitte Bardot erinnert sie so: »Hinter Vadims Rücken versteckt, beobachtete ich belu-
stigt und eingeschüchtert das Geschehen, als der Kommandant
plötzlich auf mich zukam, mich mitten auf die Brücke zog, mich
grüßte und der Mannschaft vorstellte: ›That's Brigitte!!!‹ Was tun?
Ich hob beide Arme und schrie: ›Hello, men!‹ Was folgte, war der
reine Wahnsinn. Die Matrosen warfen ihre Mützen in die Luft. Sie

hoben mich auf ihre Schultern und trugen mich im Triumphzug umher, wobei sie ›BRID-GET! BRID-GET! BRID-GET!‹ skandierten. Sie hatten nicht die geringste Ahnung, wer ich war, denn ich war ein Niemand.«

Das Mißverständnis hat eine enorme Wirkung. Plötzlich kommt Bewegung in die Kameras, die kurz vorher noch auf die Stars aus Amerika gezielt hatten. Jetzt haben sie das Mädchen im Visier, das seinen Regenmantel blitzschnell von den Schultern gleiten läßt und in einem hautengen Teenagerkleid dasteht. Am nächsten Tag ist sie in allen europäischen Zeitungen zu sehen. Der altgediente Showbiz-Kommentator des *Daily Express*, Leonard Mosley, raunt in sei-

Männer und Medien geraten Anfang der 50er Jahre in ihren Bann: Ungeschminkt und unfrisiert verköpert die junge Bardot eine unschuldige Schönheit, die buchstäblich erreichbar scheint: Keine Diva à la Garbo oder Dietrich, sondern ein diesseitiges Wesen ohne Geheimnis.

nem Bericht geheimnisvoll: »Achten Sie darauf, was aus diesem französischen Mädchen namens Brigitte Bardot wird.«

Ihr hat der Auftritt in Cannes gefallen. Zum ersten Mal erlebt sie, wie das Publikum, die Männer, die Medienleute in ihren Bann geraten. Bisher mußte sie den Worten Vadims Glauben schenken, der ihr immer wieder versicherte, daß sie eine besondere Ausstrahlung habe, daß sie mehr als eine gewöhnliche Schauspielerin sei. Jetzt hat sie es am nächsten Tag Schwarz auf Weiß. Sie ist auf dem Weg, ein Star zu werden.

Die Angebote, die Olga ihr auf den Tisch legt, häufen sich langsam. Inzwischen ist das Frauenteam um die Produzentin Christine Gouze-Renal erweitert. Vadim ist zwar noch immer für die großen Pläne zuständig, doch Olga und Christine kümmern sich darum, daß daraus auch etwas wird. Sie besorgen Aufträge, schließen Verträge, und – was das Wichtigste ist – sie stehen Brigitte Tag und Nacht zur Verfügung. Auch als verheiratete Frau mit Anfang Zwanzig ist sie ängstlich, schüchtern und weigert sich, Verantwortung zu übernehmen. Ihre Produzentin und ihre Agentin werden zu Ersatzmüttern, die es ihr erlauben, die Rolle des kleinen aufsässigen Mädchens zu spielen. »Sie waren für mich Rettungsanker, Vertraute, Komplizinnen, Ratgeberinnen. Sie pflegten mich, wenn ich krank war, verwöhnten mich zu jedem Weihnachtsfest, vergaßen nie meinen Geburtstag und bildeten eine Familie, die anders, die weniger streng war. Dennoch zeigte sich die eine oder andere bisweilen unerbittlich, wenn es darum ging, mich vor einem Irrtum zu bewahren. Sie haben mir in moralischer Hinsicht geholfen, mein Leben als Star zu bewältigen, und zugleich dem kleinen Mädchen beigestanden, das von den Ereignissen überrollt wurde.« Eine *petite famille* à la Bardot.

Es ist eine bemerkenswerte Frauenriege, die sich um den aufsteigenden Stern Brigitte Bardot schart. Neben Olga und Christine besteht sie aus zwei weiteren Frauen: der Maskenbildnerin Odette und dem Lichtdouble Dany. Ohne Zweifel sind sie alle solidarisch mit ihr, helfen ihr, wo sie können, leisten ihr Gesellschaft und bieten ihr Schutz. Zugleich profitieren sie von ihrem zunehmenden Erfolg, ihrer Bekanntheit – und von ihrer Hilflosigkeit.

Die Ereignisse sind Brigitte Bardot immer einen Schritt voraus. Filmangebote trudeln ein, bevor sie sich überlegen kann, welche

Filme sie überhaupt interessieren. Sie geht kaum ins Kino, weiß nicht einmal, welche Regisseure welche Filme machen. Manchmal gelingt es ihr, mit dem Leben mitzuhalten. Dann holt sie auf, bis sie wieder genau auf der Höhe der Zeit ist und ihre große Intuition für das beweisen kann, was man von ihr erwartet.

Im Frühjahr 1955 führen sie die Dreharbeiten für den Film »Doktor Ahoi« nach London. Sie haßt die Abschiede, aber sie arbeitet in diesem Jahr soviel wie noch nie zuvor. Nach »Doktor Ahoi« folgen noch im selben Jahr vier weitere Produktionen. Sie ist erschöpft. Am Flughafen wartet eine Handvoll Journalisten auf das »Sex-Kitten« aus Frankreich. Es gibt ein ordentliches Blitzlichtgewitter, das ihr gefällt, denn noch ist sie es nicht gewöhnt, als Star empfangen zu werden. Ihre Laune hebt sich. Die Männer bitten um ein Interview, und es fällt die berühmte Frage: »Madame Bardot, was war Ihr schönster Tag?« Ihre Antwort: »Es war eine Nacht.« Die Männer in den Redaktionsstuben ergeben sich ihren Phantasien: »Kleine Gazelle« nennt man sie jetzt oder »Miss Unschuld«. Der Journalist Derek Walker beschreibt nach einem Interview mit ihr, wie sie »ihre großen, blitzenden Zähne zeigte und einen Ton von sich gab, der in der Mitte zwischen Gekicher und Schnurren lag«. Doch zum Ende des Gesprächs mit Walker sagt sie etwas, das vor ihr noch keine Schauspielerin der Presse in die Blöcke diktiert hat: »Es ist langweilig, eine gute Schauspielerin zu sein. Und ich bin keine. Ich würde auch gerne Ballett tanzen (...) wie Leslie Caron.« »Und wenn Sie vor der Wahl stünden?« »Ich möchte sexy sein.« Walker zieht nach dieser Antwort den fulminanten Schluß: »Da sprach das Sexkätzchen mit der Offenheit, die Pinewood bis in die Grundmauern erschütterte und selbst Hollywood erröten lassen würde. Brigitte Bardot liebt gerne auf der Leinwand.«

Das Interview zeigt viel von der Unbekümmertheit, die Brigitte Bardot an den Tag legt, wenn sie sich mit den Medien einläßt. Sie macht sich kaum Gedanken darüber, was die Leute aus den Sätzen machen, die sie ihnen auf dem Silbertablett präsentiert. Ihre Provokationen sind ungeplant, und kein noch so geschickter Vadim hätte sie inszenieren können. Sie ist sie selbst, sagt Vadim, wenn er das Phänomen Brigitte Bardot erklären will. Er vergißt, daß jedes Medium das Authentische der Botschaft aufhebt. Die Vermittlung ist es, die ihr den Charakter verleiht. Aber Brigitte Bardot zeichnet tatsächlich etwas aus, das leicht mit Authentizität verwechselt werden kann. Sie tritt als eine Frau auf, die sich natürlich gibt. Sie haßt es, sich zu schminken, sie kleidet sich lässig, sie frisiert kaum ihre Haare. Dahinter steckte zunächst Unsicherheit – zeit ihres Lebens wird sie sich schlecht angezogen fühlen –, bis daraus schließlich ein Markenzeichen wird. In den 50er Jahren entwickelt sich zum ersten Mal nach dem Krieg wieder so etwas wie ein Modebewußtsein, das sich von jenem der 30er und 40er Jahre in Sachen Geschwindigkeit und Vehemenz enorm unterscheidet. Und Brigitte Bardot wird bald ein Lable sein.

Ihre Ehe mit Vadim ist vier Jahre nach der Hochzeit kaum mehr als eine Arbeitsbeziehung, aber immerhin eine zunehmend erfolgreiche. Er schreibt das Drehbuch für »Das Gänseblümchen wird entblättert«, in dem sie eine Hauptrolle spielt. Der Film handelt ihr den ersten Achtungserfolg ein. Sie spielt das, was sie nach Meinung von Vadim am besten kann: sich selbst. Die Geschichte enthält Versatzstücke ihrer Kämpfe aus der Jugendzeit. Sie ist das junge Mädchen auf dem Weg in die Freiheit. Der Schlüssel hierzu: ihre Schönheit. Es ist eine leichtherzige Komödie, die noch nichts von der Ambiguität ihres nächsten gemeinsamen Films enthält.

Daraufhin will Vadim endlich den »großen« Film machen, im Cinemascope-Format und in Farbe. Die Geschichte steht, es fehlt ihm einmal mehr der Geldgeber. Er schleppt seine Frau erneut auf das Filmfestival nach Cannes. Seine Rechnung geht auf. Brigitte Bardot hat sich die Haare blond färben lassen und läuft barfuß in einem knappen Bikini über den Strand. Die Kameras sind jetzt ständig in ihrer Nähe. In ihren Memoiren beschreibt sie, wie sie diese Art der inszenierten Auftritte haßte und straft damit das Wort Vadims – vor der Kamera sei sie stets sie selbst – Lügen: »Wie bei allen schüchternen Menschen waren Unverschämtheit und Aggression von jeher mein Schutzschild, und hinter meiner Arroganz verbarg sich oft unglaubliche Verletzlichkeit.«

Im Jahr darauf hat Vadim das Geld für »Und immer lockt das Weib« zusammen. Der Film verschafft 1956 Vadim als Regisseur, vor allem aber Brigitte Bardot als Schauspielerin den internationalen Durchbruch. François Truffaut bezeichnet das erste gemeinsame Vadim-Bardot-Werk als einen »für unsere Generation bezeichnenden

Film (…) Er ist keineswegs schlüpfrig, sondern scharfsinnig und von großer Offenheit.« Bei den Dreharbeiten in Saint-Tropez zeigt sich, daß sich die Wege des Paares Vadim und Bardot auf dem Höhepunkt ihrer gemeinsamen Karriere endgültig trennen werden. »Meine Beziehung zu Vadim glich der von Geschwistern«, schreibt Brigitte Bardot. »Ich empfand unendliche Zuneigung für ihn, er war ein fester Anker für mich, mein Zuhause, mein Freund. Doch er war nicht länger mein Geliebter, und ich entbrannte nicht mehr für ihn.«

95

»Muß man einen Grund für Liebe haben?« *Deus ex machina*, Geliebter, Ehemann, Promoter: Brigitte Bardot mit dem Regisseur Roger Vadim in den 1950er Jahren.

Während der Dreharbeiten, und vor den Augen ihres Mannes, verliebt sie sich in ihren Filmpartner Jean-Louis Trintignant. Die Journalisten erfahren von dieser *Ménage à trois*, und ein weiterer Mythos wird geboren. Angeblich habe Vadim die Leidenschaft seiner Frau noch angestachelt, um möglichst authentische Bettszenen drehen zu können. Der noch unbekannte Trintignant und die ein wenig bekannte Bardot kümmern sich nicht um das Gerede. Sie liebt ihn abgrundtief, als ahnte sie, daß es das letzte Mal sein würde, daß sie ohne Öffentlichkeit lieben konnte: »Die Zeit mit Jean-Louis war die schönste, intensivste und glücklichste in diesem Abschnitt meines Lebens, eine sorglose Periode der Freiheit, in der wir, o Wunder, noch inkognito bleiben konnten.«

Der Film wird ein Riesenerfolg. Brigitte Bardot verläßt Roger Vadim und legt ihre Karriere nunmehr ganz in die Hände von Olga Horstig-Primuz und Christine Gouze-Renal. Die Figur der Juliette, die ein Geschöpf Vadims war, wird für eine ganze Karriere ausreichen.

Brigitte ist 22 und glaubt, daß sie mit Jean-Louis Trintignant den Mann ihres Lebens gefunden hat. Den Silvesterabend des Jahres 1956 verbringen die beiden allein in einem Haus auf dem Land. Nur noch kurze Zeit kann sie den Rummel um »Und immer lockt das Weib« ignorieren, der inzwischen die Sittenwächter auf den Plan gerufen hat. Aus dem fernen Rom grollt das Verlautbarungsblatt des Heiligen Vaters, der *L'Osservatore Romano*: »Man zeigt uns ein Leben der Ausschweifung, es ist eine Schande. Der Film ist deprimierend pessimistisch und schlecht für die Jugend.«

4. Das Öffentliche und das Private – Grenzüberschreitungen

»Ich bin nicht versucht, von mir sel-
ber fasziniert zu sein, weil ich noch
nicht aufgehört habe, mich über mein
Glück zu wundern.«
Simone de Beauvoir

»Das hat mit mir nichts zu tun!«
*Brigitte Bardot über Simone de
Beauvoirs Essay* Brigitte Bardot und
das Lolita-Syndrom

Im Januar 1947 sitzt die 39jährige Simone de Beauvoir zum ersten Mal in einem Flugzeug. Sie ist auf dem Weg zu einer fünfmonatigen Vortragsreise durch die USA und schrecklich aufgeregt. Monatelang hat sie sich darauf vorbereitet und versucht, mit dem Gefühl fertig zu werden, das Leben gerate aus den Fugen. Sie ist keine Unbekannte mehr. Journalisten und Touristen verfolgen sie jetzt in den Cafés von Paris mit neugierigen Blicken. Zeitweise weiß sie nicht mehr, wo sie arbeiten soll. »In meinem Zimmer war es kalt. Im ›Flore‹ kannten mich zu viele Leute.« Ihre Beziehung zu Sartre wird zu einem Politikum. Während es ihm nichts ausmacht, daß alle Welt von seinen verschiedenen Frauen weiß, leidet Simone de Beauvoir darunter, daß ihr Pakt mit Sartre jetzt ein Gesprächsthema unter Leuten ist, die sie nicht einmal kennt. Es macht ihr keine Freude mehr, sich abends mit Sartre zu zeigen: »Die Blicke, die uns in der Öffentlichkeit folgten, waren durch diesen Schmutz vergiftet; infolgedessen ging ich nicht mehr gerne aus.«

Seit Kriegsende sind zwei weitere Romane von ihr erschienen: *Das Blut der anderen (Le sang des autres)* wurde vom Publikum in erster Linie als Roman über die *Résistance* gelesen, was zwar die Verkaufszahlen förderte, aber nicht unbedingt in ihrem Sinne war. Das zweite Buch *Alle Menschen sind sterblich (Tous les hommes sont mortels)* »war ein unbestreitbares Fiasko«, schreibt sie in ihren Memoiren. Die Rezensenten zerrissen es in der Luft, obwohl sie selbst davon überzeugt gewesen war, es sei ihr bisher bestes Werk. Noch schlimmer erging es ihr mit der Uraufführung ihres ersten und einzigen Theaterstücks *Die unnützen Mäuler* (*Les bouches inutiles*). Nach wenigen Vorführungen wird es abgesetzt, die Kritiken sind vernichtend.

In den USA sind ihre Bücher weniger bekannt als die neue philosophische Strömung, für die der Name Jean-Paul Sartres steht: Der Existentialismus ist inzwischen zu einer kulturellen Bewegung des Aufbruchs geworden, die auch die Amerikaner fasziniert. Sie fährt mit gemischten Gefühlen in dieses Land, dessen Soldaten »Europa vom Faschismus befreit« haben, wie sie schreibt – und das zugleich das »Vaterland des Kapitalismus« ist. Trotzdem ist sie neugierig. »Ich war bereit, Amerika zu lieben«, gibt sie in *Der Lauf der Dinge* (*La force des choses*) zu. Die Reise ist eine willkommene Abwechslung, denn daheim in Paris hat sie nicht nur mit den Rezensenten zu kämpfen, auch ihr Leben an der Seite Sartres gestaltet sich zunehmend komplizierter. Er ist ein berühmter Mann, verehrt und verfemt zugleich, und de Beauvoir kennt man in erster Linie als seine »treue Gefährtin«. Zunehmend hat sich Sartre in die alltagspolitischen Scharmützel verstrickt, die vor allem von den Auseinandersetzungen innerhalb der Linken geprägt sind. Die erste Euphorie nach dem Krieg ist längst verflogen. Der Stalinterror, der in seinem ganzen Ausmaß auch in Westeuropa nach und nach bekannt wird, erschüttert den Glauben der europäischen Linken und spaltet sie. Beauvoir fühlt sich von den Diskussionen überfordert. »Ich gab die alten Illusionen nicht preis, obwohl ich den Glauben an sie verloren hatte. Die politischen Entscheidungen wurden immer schwieriger, und unsere freundschaftlichen Beziehungen litten unter diesem Zögern.«

Ihre Bücher werden stets mit Sartres Namen in Verbindung gebracht, und nicht selten wirft man ihr vor, sie werde überhaupt nur veröffentlicht, weil er ihr dabei helfe. Seine steigende Popularität nutzt er zudem, um seine Verführungskünste zu verfeinern: Eine Affäre jagt die nächste. Seine neueste Eroberung, Dolorés Vanetti, eine amerikanische Schauspielerin, setzt sogar alles daran, ihn zu heiraten. Simone de Beauvoir hat nach 18 Jahren Beziehung Mühe, ihren Platz als erste in seinem Leben zu verteidigen.

Immerhin sind sie durch seinen Erfolg finanziell unabhängig geworden, und Simone de Beauvoir kann sich endlich ganz dem Schreiben widmen. Seit einem halben Jahr denkt sie daran, einen

»Essay über die Frauen« zu verfassen, aber das Projekt kommt nicht recht voran. Sie hat sich vorgenommen, ihre Zeit in den USA zu nutzen, um empirisches Material zu sammeln und möglichst viele Frauen nach ihren Erfahrungen zu befragen.

Die New Yorker Intellektuellen sind von ihrer Ausstrahlung, ihrer bestechenden Intelligenz und dem Flair des linken Seine-Ufers, das sie mitbringt, begeistert und nennen sie ehrfurchtsvoll »Hohepriesterin des Existentialismus«. Sie gibt Interviews, besucht französische Emigranten und begibt sich alleine auf lange Märsche durch die Stadt. An einem kalten Februarabend besucht sie eine Party der schwerreichen Erbin und Kunstsammlerin Peggy Guggenheim. Der Abend ist tödlich langweilig, das Essen schrecklich, findet Simone de Beauvoir, die nur sehr ungern solchen gesellschaftlichen Verpflichtungen nachkommt und sich nicht scheut, dies auch deutlich kundzutun. Ihren Charme setzt sie ohnehin nur dosiert ein, und Menschen, die sie nicht mag, bekommen dies deutlich zu spüren. Ihre Gastgeberin ist eine davon. Beauvoir schreibt Sartre einige Tage später, Peggy Guggenheim sei ihr nicht nur unsympathisch, sondern wie »eine alte Jungfer voller Komplexe« vorgekommen. Dennoch sagt diese Frau an jenem Abend etwas, das das Leben von Simone de Beauvoir völlig auf den Kopf stellen wird. Das Gespräch verläuft zunächst in höflich-schleppenden Bahnen. Beauvoir erzählt, sie sei in den nächsten Tagen in Chicago eingeladen. »Ach, Chicago?« erwidert Guggenheim, »vielleicht hätten Sie Lust, einen guten Freund von mir aufzusuchen, einen Schriftsteller.« Beauvoir schreibt sich noch schnell seine Adresse auf und verläßt eilig die mondäne Gesellschaft. Peggy Guggenheim ist von Beauvoirs legendärer Unhöflichkeit irritiert und warnt am nächsten Tag ihren ehemaligen Geliebten Nelson Algren vor dem unverschämten »Blaustrumpf«, der sich möglicherweise bald bei ihm melden werde.

Einige Tage später klingelt Algrens Telefon. Eine unverständliche Stimme brabbelt etwas. »Wrong number«, brummt Nelson Algren und legt auf. Es klingelt erneut, und das Spielchen wiederholt sich. Simone de Beauvoir ist verzweifelt. Sie spricht zwar leidlich gut Englisch, doch ihr französischer Akzent überschattet jede richtige Vokabel. Sie sitzt allein in ihrem Hotelzimmer und weiß weder viel mit Chicago anzufangen, noch interessieren sie die älteren Herren Professoren, die sie zu einem Vortrag eingeladen haben. Sie hat sich in den Kopf gesetzt, den Abend mit einem netten Mann zu verbringen. Warum nicht dieser Schriftsteller? Sie ist hungrig nach dem wahrhaft authentischen Amerika, von dem sie so lange geträumt hat. Er könnte es ihr zeigen, hofft sie – und greift verbissen ein drittes Mal zum Telefonhörer. »Er hängt ein. Ich werde eigensinnig. Ich bitte die Telefonistin, die Verbindung herzustellen. Sowie sie es läuten hört, sagt sie mit sanfter Stimme: ›Wollen Sie so freundlich sein, die Verbindung einen Augenblick zu halten ...‹« Diesmal legt Algren nicht auf. Die beiden verabreden sich im Little Palm Café des Hotels Palmer House. Nelson Algren erinnert sich später an seinen Blind-Date: »Sie redete wie ein Wasserfall, mit Intensität, Emphase, Kraft. Ich verstand kein Wort. Später gestand sie mir, daß sie ebenfalls nichts von dem verstanden hatte, was ich sagte. Ich dachte, sie sei eine Lehrerin aus Frankreich. Ich hatte ihren Namen noch nie gehört und war mir nicht sicher, ob ich ihn richtig verstanden hatte (...) Ein paar Tage, nachdem sie abgereist war, las ich ein Interview im *New Yorker* mit Simone de Beauvoir. Ohne Zweifel: Es handelte sich um meine französische Lehrerin.«

Simone de Beauvoirs Existenz beruht auf ihrer Arbeit als Schriftstellerin, die – davon ist sie überzeugt – eng verknüpft ist mit dem Schaffen Sartres. Ihr Alltag, ihre Umgebung, ihre Freunde sind undenkbar ohne ihn. Sie haben sich zusammen eingerichtet. Ihr gemeinsames Leben verläuft seit fast zwanzig Jahren in ungeraden, aber überschaubaren Bahnen. Simone de Beauvoir ist keine junge Frau mehr. Mit dem vierzigsten Geburtstag vor Augen bekommt ihre Angst vor dem Tod, die sie seit ihrer Kindheit begleitet, plötzlich einen Namen: das Alter. »Vierzig Jahre. Einundvierzig Jahre. Das Alter rückt näher. Es lauerte auf mich in der Tiefe des Spiegels. Mich wunderte, daß es mit so sicheren Schritten auf mich zukam, während sich nichts in mir mit ihm abfinden wollte«, schreibt sie.

Doch mit Nelson Algren taucht zum ersten Mal ein Mensch auf, der all dies im Namen der Liebe und mit der Autorität eines Machos in Frage stellt. Nach ihrem ersten Treffen im Chicagoer Little Palm Café verbringen sie nur eine Nacht miteinander. Am nächsten Morgen muß sie wieder ihren Verpflichtungen nachkommen. Doch in dieser Nacht geschieht etwas, das die ansonsten klar formulierende Simone de Beauvoir zu einer kryptischen Beschreibung verführt: Mit Nelson Algren habe sie, so zitiert sie später ihre Biographin Deirdre Bair, ihren »ersten vollständigen Orgasmus« erlebt. Was immer dies auch heißen mag: Ihm verdankt sie jedenfalls die Erfahrung, wie »wahrhaft leidenschaftlich die Liebe zwischen Mann und Frau sein kann«. Algren ist in allem das Gegenteil von Sartre: Er ist ein gut-aussehender Mann, groß und blond, er ist ein – noch – unbekannter Schriftsteller mit einer schillernden Vergangenheit, die selbst eine Frau wie Beauvoir beeindrucken muß. Eine der vielen Legenden, die sich um ihn ranken, erzählt von einer geklauten Schreibmaschine, die ihn für vier Monate ins Gefängnis brachte. Nelson ist wie eine Figur aus einem Kerouac-Roman. Er stammt aus einer skandinavi-schen Einwandererfamilie voller Halunken, Taugenichtse und Aben-teurer. Er selbst gibt gerne den Anti-Intellektuellen, obwohl ihm seine älteste Schwester ein journalistisches Studium finanziert hatte, das er brav abschloß. »Ein Bohemien wie Algren ist oft ein heim-licher Snob. Ich vermute, daß er doch von ihr (Simone de Beauvoir) beeindruckt war, und für sie war er – tja, die Virilität in Person. Die-jenigen von uns, die in Paris gelebt und gearbeitet hatten, konnten sich ja denken, daß sie davon bei Sartre nicht allzuviel zu sehen kriegte«, lästerte Peggy Guggenheim.

Natürlich weiß Algren von Jean-Paul Sartre und Simone de Beau-voir im fernen Paris, auch wenn er die Anekdote über die »französi-sche Lehrerin« zum besten gibt. Er ist ein durchaus informierter, wenn auch einsiedlerischer Schriftsteller. Die Geschichte mit der kleinen blauäugigen Französin jedenfalls, die er »Froschfrau« nennt, wird zur Geschichte einer großen Liebe mit der Frau seines Lebens.

Sie treffen sich im Mai 1947 wieder und verbringen zwei Wochen im Bett. Simone de Beauvoir tut, was verliebte Frauen tun. Sie liest ihm jeden Wunsch von den Lippen ab und stellt fest: »Ich war er-staunt, wie sehr ich es genoß.« Sie tappt sogar in jene Frauenfalle, die sich besonders bei Künstlertypen anbietet: Algren gilt als schwieri-ger, labiler, düsterer, sogar neurotischer Mensch. Aber Simone de Beauvoir glaubt ihn zu durchschauen und entdeckt den wahren Algren: »Ich freute mich, daß ich als einzige ihn besser kannte.« Er habe in Wirklichkeit »die seltene Gabe, die ich als Güte bezeichnen würde, wenn dieses Wort nicht so abgegriffen wäre: Sagen wir lie-ber, daß er ehrlich um die Menschen besorgt war«.

Für Simone de Beauvoir ist dies keine Affäre, wie sie sie kennt: Kleine Bettgeschichten mit Männern wie Jacques-Laurent Bost, den sie den »kleinen Bost« nennt, und der ihr jahrelang ein treuer, aber leidenschaftsloser Gefährte ist, oder mit Frauen wie Violette Léduc, die ihr wiederum leidenschaftlich hinterhertrauert. Die Liebesgeschichte mit Nelson Algren ähnelt auch nicht einem der ungezählten Verhältnisse, die Sartre das Leben leicht und schwer zugleich machen. Denn Algren ist »die einzig wirklich leidenschaftliche Liebe meines Lebens«, wie sie sagt. Ihre Geschichte ist in Hunderten von Briefen dokumentiert, denn immer wieder müssen sich die beiden für längere Zeit trennen. Sie nennt ihn darin ihr »Krokodil«, ihren »Frühlingsmann«, ihren »Chicago-Jungen«, sie küßt das Briefpapier, benetzt es mit Tränen, legt Glockenblumen in den Umschlag. Die Frau, die die Ehe stets weit von sich weist, schreibt, sie werde ihm, »meinem Gatten« eine »liebende Ehefrau« sein. Kurz: Es ist »eine herrlich kitschige Liebesgeschichte«, wie sie selbst klarsichtig analysiert.

Ihr »Essay über die Frau« macht in dieser Zeit große Fortschritte: Während *Das andere Geschlecht* über einen bloßen Aufsatz hinaus wächst und zu dem Buch wird, das Simone de Beauvoir als feministische Legende begründet, ist sie in einen ausgemachten Chauvi verliebt, den kein emanzipatives Gewäsch irritieren kann. Das stört sie keineswegs. Sie beschäftigt sich mit der Geschichte und der Lage der Frauen und genießt derweil ihre Liebe zu Algren – trotz der langen Trennungen – aus vollen Zügen. Sie gibt ihr Auftrieb, und sie arbeitet mit Freude: »Das Buch, an dem ich schreibe, fesselt mich immer mehr«, schreibt sie Algren am 6. März 1948. »Ein Viertel habe ich jetzt fertig, ein wirklich langes Stück, ich fange mit dem zweiten Teil an. Diese Arbeit gefällt mir sehr, und daraus ergeben sich ebenfalls glückliche Tage.«

Das andere Geschlecht, die Bibel der Frauenbewegung, ist »fast zufällig konzipiert worden«, schreibt Simone de Beauvoir in ihren Memoiren. Eigentlich wollte sie, wie immer, von sich sprechen, und bemerkte dann, »daß es sich nicht umgehen ließ, die Lage der Frau zu schildern«. Sie betrachtet sich keineswegs als Feministin, und das Buch soll auch keine frauenrechtlerische Verteidigungsschrift werden. Bisher hat sie sich nicht als Frau benachteiligt gefühlt, obwohl sie weiß, daß ihr Leben – verglichen mit jenem vieler ihrer Geschlechtsgenossinnen – eine Ausnahme darstellt. Ihr Verzicht auf

Ehe und Kinder sowie die Entscheidung für ihren Beruf hatte sie zunächst für persönliche Entschlüsse gehalten – relativ unabhängig von gesellschaftlichen Bedingungen: »Mit dreißig wäre ich überrascht und sogar irritiert gewesen, wenn man mir vorausgesagt hätte, daß ich mich mit Frauenproblemen beschäftigen würde und mein ernsthaftestes Publikum Frauen sein würden«, schreibt sie in *Der Lauf der Dinge*. Erst als sie zu recherchieren beginnt und sich mit der Geschichte der Frauen und den Mythen beschäftigt, die sich um das Ewigweibliche ranken, wird aus dem Essay ein zweibändiges Buch mit zuletzt knapp 700 dicht bedruckten Seiten. Sie beschreitet ein riesiges Terrain. Um so erstaunlicher ist es, daß sie das Buch innerhalb von nur 14 Monaten schreibt.

In der Einleitung stellt sie die Frage aller Fragen: »Was ist eine Frau?« Mit Siebenmeilenstiefeln überquert sie ein Feld, auf dem die Grundlagen der weiblichen Geschichte ausgebreitet liegen: Sie schreitet es umfassend ab, fragt nach den biologischen Voraussetzungen der weiblichen Natur und scheut sich nicht, sogar das Gewicht des weiblichen Gehirns zu berechnen, um festzustellen, daß es proportional zum Körpergewicht genauso schwer ist wie das des Mannes. Als nächstes faßt sie auf 80 Seiten die Geschichte der Frauen von den Horden der Urzeit bis ins 20. Jahrhundert hinein zusammen. Den dritten Teil des ersten Buches widmet sie dem Mythos Frau, wie ihn insbesondere die Literatur hervorgebracht hat. Hier gelingt es ihr am überzeugendsten, eine ihrer Grundthesen zu illustrieren: Die Frau ist das relative Wesen. Der Mann ist fraglos Mensch, die Frau hingegen existiert nur in bezug auf ihn. Er ist Subjekt, sie Objekt, er erfindet Bilder, sie spiegelt sie.

Sie verbindet diese Beobachtungen mit den Thesen des Existentialismus: Die Frau erlebt einen doppelten Konflikt, weil sie nicht nur – wie alle Menschen – im Spannungsfeld zwischen Bewußtsein und Tod steht, sondern weil es ihr als passives Wesen noch schwerer fällt, sich durch aktive Teilhabe am Leben als Siegerin über den Tod zu fühlen. Sie ist dazu verdammt zu warten, während nur die Transzendenz, die Überschreitung ihrer selbst, sie retten kann.

Der zweite Band, *Gelebte Erfahrung*, beschäftigt sich mit der Entwicklung der modernen Frau – angefangen bei ihrer Kindheit über die verschiedenen Rollen, die für sie als Erwachsene bereitstehen – Ehefrau, Mutter, Hetäre – bis zum Alter. Der erste Satz dieses Abschnitts macht Simone de Beauvoir weltberühmt: »Man kommt nicht als Frau zur Welt, man wird es.«

Als sie ihn Ende der 40er Jahre schreibt, ahnt sie nicht, welche Sprengkraft er über Jahrzehnte hinweg entfalten wird, impliziert er doch, daß so etwas wie originäre Weiblichkeit nicht existiert. Es gibt ihrer Auffassung nach weder einen weiblichen Blick noch weibliche Intuition – geschweige denn eine weibliche Kultur. Statt dessen sind es die Prägungen der patriarchalischen Gesellschaft, denen die Frauen unterworfen sind: Sie müssen dem Bild der Frau entsprechen, das die Männer entworfen haben. Dabei haben sie es bereits seit Generationen so verinnerlicht, daß vor allem die Mütter die Vorstellungen der Männer an ihre Töchter weitergeben.

Das Buch spart nicht mit Kritik an Frauen. Vor allem die Rolle der Mutter unterzieht sie einer gnadenlos materialistischen Analyse. Sie beschreibt die Herrschsucht der Mutter, ihren Sadismus dem Kind gegenüber, sobald sie bemerkt, daß es ihr keine wirkliche Ersatzbefriedigung für das ansonsten leere Leben bieten kann: »Die große Gefahr, der unsere Sitten ein Kind aussetzen, besteht darin, daß die Mutter, der es wehrlos ausgeliefert wird, beinahe immer eine unbefriedigte Frau ist: Sexuell ist sie frigide und unbefriedigt, sozial fühlt sie sich dem Mann unterlegen. Sie hat keinen Einfluß weder auf die Welt noch auf die Zukunft. Im Kind sucht sie nunmehr alle diese Enttäuschungen auszugleichen.«

Vor allem die Feministinnen der zweiten Generation werden Beauvoir vorwerfen, daß sie die Welt der Männer verherrlicht und dagegen den Frauen eine unverhohlene Mißachtung entgegengebracht habe. Daß man nicht als Frau geboren, sondern erst durch gesellschaftliche Prägung dazu gemacht werde, spreche – zu Ende gedacht – den Frauen ihr Frausein ab. Doch statt Identität zu entfalten, indem sie sich auf das eigene berufen, sollen sich Frauen nach Beauvoir schlicht darauf konzentrieren, den Männern ein möglichst großes Stück vom gesellschaftlichen Kuchen – Arbeit, Macht und Geld – zu entreißen und dabei auf deren Einsicht hoffen. Eine ihrer größten Gegnerinnen, die Feministin Luce Irigaray, geht in dem 1990 erschienenen Buch *Je, tu, nous: pour une culture de la différence* in ihrer Kritik noch viel weiter: »Die geschlechtliche Differenz abschaffen zu wollen, heißt einen Genozid zu befürworten, der vollständiger wäre als jede andere Vernichtung in der Geschichte.«

Dabei tut Simone de Beauvoir zunächst nichts anderes als das, was ihre Gegnerinnen wollen: Als Frau wirft sie einen weiblichen Blick auf die Kulturgeschichte der Menschheit. Sie entlarvt die Heuchelei, die hinter dem Mythos Frau steckt, die Machtmechanismen, die er bedient. Ihre Schlußfolgerung, die aus heutiger Sicht naiv klingt, damals aber noch nie zuvor so fundiert vorgetragen wurde, lautet: Es muß eine Gleichheit der Geschlechter geben. »Mann und Frau (sollen) jenseits ihrer natürlichen Differenzierungen rückhaltlos geschwisterlich zueinander finden.« Voller Optimismus schreibt sie in ihrem Schlußwort: »So sind die Männer in ihrem eigenen Interesse zu einer teilweisen Emanzipierung der Frauen gekommen: Diese brauchen ihren Aufstieg nur fortzusetzen, und die Erfolge, die sie errungen haben, ermutigen sie dazu. Es scheint ziemlich sicher, daß sie binnen längerer oder kürzerer Zeit eine vollkommene wirtschaftliche und soziale Gleichheit erlangen, was eine innere Umwandlung nach sich ziehen wird.« Sie hat sich selten so sehr geirrt wie hier. Später gibt sie ihre Fehleinschätzung zu. Sie sei zu blauäugig gewesen, was die Bereitschaft der Männer anging, sich von ihren angestammten Plätzen zu lösen. Auch ihre Hoffnung auf eine sozialistische Gesellschaft, die Frauen und Männer gleiche Rechte und gleiche Chancen bietet, sei kaum mehr als ein Luftschloß gewesen.

Mit *Das andere Geschlecht* begibt sie sich 1949 ins Zentrum der Geschlechterdiskussion. Kein anderes ihrer Werke wird je wieder solche Reaktionen hervorrufen. Unwiderruflich hat sie die Grenze zwischen Privatleben und Öffentlichkeit überschritten. Sie ist zu einer öffentlichen Person geworden, die von nun an nicht mehr nur als Schriftstellerin wahrgenommen wird, sondern als schreibende Frau. Ein großer Unterschied, wie sich herausstellen wird.

Am Anfang jedoch stehen das Erstaunen und die Freude über den Erfolg. *Das andere Geschlecht* ist alles andere als ein leicht zugängliches Buch, und man rechnet damit, daß es nur ein handverlesenes Publikum finden wird. Statt dessen entpuppt es sich als Kassenschlager. In der ersten Woche werden 22 000 Bücher verkauft. Bis Ende der 1980er Jahre, so die vorsichtige Schätzung des Verlagshauses Gallimard, sind etwa eine Million Exemplare auf französisch und rund 2 Millionen in anderen Sprachen erschienen. Das Buch macht Simone de Beauvoir bis an ihr Lebensende finanziell unab-

Das Öffentliche und das Private

hängig – was, wie sie in dem Buch immer wieder betont, Grundbedingung für ein freies Leben ist. In ihren Memoiren ist nachzulesen, wie sie stets ihren Stolz auf das Buch allen Anfeindungen zum Trotz bewahrt hat: »Alles in allem ist es vielleicht unter meinen Büchern dasjenige, das mir die tiefste Befriedigung gewährt hat. Wenn man mich fragt, wie ich es heute beurteile, zögere ich nicht mit der Antwort: Ich bin dafür.«

Nach Erscheinen des ersten Bandes bricht ein Sturm über sie herein, mit dem sie nie gerechnet hatte. Und die Kritik an dem Buch geht häufig mit persönlichen Angriffen einher: Sie erhält anonyme Drohbriefe voller Beschimpfungen. »Man sagte, daß ich unbefriedigt, frigid, priapisch, nymphoman, lesbisch sei und hundert Abtreibungen hinter mir habe und sogar heimlich ein Kind hätte. Man machte sich erbötig, meine Frigidität zu heilen, meine vampirischen Gelüste zu befriedigen, man versprach mir Offenbarungen, zwar mit schmutzigen Ausdrücken, aber im Namen des Wahren, des Schönen, des Guten, der Gesundheit und sogar der Poesie.« Die Schmähungen sind nicht immer anonym: Der Schriftsteller François Mauriac schreibt einen Brief an einen Mitarbeiter der Zeitschrift *Les Temps modernes*, die Simone de Beauvoir seit einiger Zeit zusammen mit Sartre herausgibt: »Nun weiß ich alles über die Vagina Ihrer Chefin.« Albert Camus fühlt sich von ihrem Buch beleidigt: »Sie haben den französischen Mann lächerlich gemacht.«

Daß sie es wagt, als unverheiratete Frau ein Leben unabhängig von bürgerlichen Konventionen zu führen, hat man ihr bisher weitestgehend nachgesehen, weil der Platz an der Seite Sartres Schutz bot. Mit diesem Buch tritt sie allerdings aus seinem Schatten heraus und verliert sogleich den privilegierten Status, den sie seit der Studienzeit innezuhaben glaubte. Über Nacht ist sie der allgemein üblichen chauvinistischen Verachtung ausgeliefert – wie alle jene Frauen, die sie in ihrem Buch als Fallbeispiele beschrieben hat.

Das andere Geschlecht handelt nur auf den ersten Blick kaum von ihrer Person. Sosehr es nach außen hin bewirkt, daß de Beauvoir als schreibende Frau in Erscheinung tritt, so nachhaltig kommt sie im Buch auch selbst vor. Die Entstehungsgeschichte deutet es bereits an: Ursprünglich wollte sie von sich sprechen. Daraus wurde nicht nur die Geschichte einer ganzen Generation von Frauen, sondern auch eine sehr persönliche. Und sie besetzt zum ersten Mal ein Gebiet, zu dem Sartre keinen Zutritt hat. Dies tut sie nicht nur in literarischer Hinsicht, sondern auch in persönlicher. Ihre Liebe zu Nelson Algren, die die Arbeit an *Das andere Geschlecht* so sehr beflügelt hat, stellt für die »notwendige« Beziehung mit Sartre eine ernstzunehmende Bedrohung dar. Gleichzeitig beschreibt sie die Koordinaten ihres eigenen Lebens als Frau. Später wird sie zugeben, daß erst das Schreiben dieses Buches sie zur Feministin gemacht hat. Sie gießt das Fundament für ihre folgenden Bücher, die sich nunmehr noch unmittelbarer mit dem eigenen Leben befassen werden – ob als Memoiren oder autobiographische Romane – und sich immer zwischen Wahrheit und Dichtung bewegen werden.

Die französische Feministin Christine Fauré schreibt 1981 in *Les Temps modernes* über deren ehemalige Herausgeberin Simone de Beauvoir: »Als Frau und Schriftstellerin nimmt sie sich explizit ihr eigenes Leben als literarisches Objekt vor. Sie kommuniziert ihr Gefühl vom In-der-Welt-Sein, angefangen mit den Memoiren bis zu den Romanen, während sie weiterhin ihre intimen und geheimen Lebenserfahrungen beschützt.«

Fest steht jedenfalls, daß *Das andere Geschlecht* unter besonderen Umständen entstanden ist: Ihre Liebe zu Nelson Algren bringt ihre bisherige Lebensplanung völlig durcheinander. Die amerikanische Literaturwissenschaftlerin Toril Moi glaubt sogar, daß »Beauvoir – mehr oder weniger unbewußt – viele Erkenntnisse zum Ausdruck (brachte), die sie in ihrer Beziehung zu Algren gewonnen hatte. Auf diese Weise durchtränkte sie ihren politischen Diskurs mit persönlichen Belangen: Zwar wäre es mir lieber, wenn sie dies offener getan hätte, doch habe ich nicht den geringsten Zweifel, daß die Intensität ihrer sexuellen Leidenschaft für Algren Beauvoir half, die Sexualität entschlossen in den Mittelpunkt ihrer Thematik zu rücken.«

Viele Wissenschaftlerinnen, Publizistinnen und Anhängerinnen Simone de Beauvoirs haben wie Toril Moi immer wieder den Wunsch nach mehr Offenheit geäußert. Und sie haben ihr die Vertuschung, Manipulation und das Verschweigen wichtiger Hintergründe vorgeworfen. Wer wie Simone de Beauvoir vorgab, daß Leben und Werk eins sind, weckt Begehrlichkeiten. Um so mehr, als sie mit *Das andere Geschlecht* zur Galionsfigur und zum Vorbild einer ganzen Generation von Frauen wird, die alles von ihrem Idol wissen wollen. Daß dieses Idol keine Schauspielerin oder Popsängerin, sondern eine Intellektuelle ist, die die Öffentlichkeit selbst mit Bruchstücken aus ihrem Leben füttert, ist der entscheidende Unterschied. Simone de Beauvoir hat wie keine andere Schriftstellerin ihr Leben öffentlich gemacht. In einer Zeit, in der noch nicht einmal die Vorboten der Frauenbewegung zu erkennen sind, wagt sie es, radikale Meinungen zu vertreten und intime Blicke auf ein völlig unkonventionelles Leben zu gewähren. Und sie wird versuchen, dafür keinen allzu hohen Preis zu bezahlen.

Sie ist in der Mitte ihres Lebens angelangt und fühlt sich, als hätte es soeben neu begonnen. In ihren Briefen an Nelson Algren pflegt sie einen ungewöhnlich leichten, kokettierenden, girrenden, manchmal erotischen Ton, der bei Beauvoir nur hier zu finden ist. Sie schreibt Englisch, und die fremde Sprache zwingt sie, komplizierte Sachverhalte einfach zu erklären. Sie albert herum, spielt mit den fremden Worten, und die sonst spröde und ernste, bisweilen schroffe Simone de Beauvoir zeigt sich als eine Frau voller Witz: Während sie für *Das andere Geschlecht* recherchiert, schreibt sie ihm am 23. Februar 1948: »Nichts Neues. Immer noch Schnee und blauer Himmel, immer noch gute Frosch-Arbeit. Heute informiere ich mich in der Bibliothek über die verschiedenen Arten, mit denen ihr gemeinen Männer uns arme weibliche Geschöpfe unterdrückt habt. Auf Wiedersehen, lange liebende Küsse für Sie, mein geliebter Gatte, Ihre Simone.«

Fünf Jahre lang sind sie unzertrennlich, obwohl sie die meiste Zeit auf unterschiedlichen Kontinenten ihrer Wege gehen. Die sehnsüchtigen Briefe, die den großen Ozean hin und her überqueren, müssen die Zeit bis zum nächsten Wiedersehen schmücken. Wann immer es Simone de Beauvoir einrichten kann, geht sie mit Algren auf Reisen. Gemeinsam fahren sie durch die amerikanischen Südstaaten, nach Mittel- und Südamerika, schließlich durch Europa. Algren kommt nach Paris, um endlich diese Stadt kennenzulernen, an der die Geliebte so sehr hängt, daß sie seinen Wunsch nach einem gemeinsamen Leben in Chicago stets vorsichtig und sanft, aber bestimmt von sich weist. Algren wappnet sich zum großen Duell mit Jean-Paul Sartre, seinem übermächtigen Konkurrenten, von dem er zwar weiß, daß er ihr eine »notwendige Liebe« ist, doch nie wirklich begreift, was sich dahinter verbirgt – außer, daß sie ein Leben mit der geliebten Frau verhindert. Sartre nimmt ihm den Wind aus den Segeln. Man trifft sich *en famille* im Café de Flore, und der kleine Sartre steht auf, gibt ihm die Hand und legt liebevoll den Arm um die Hüften des hünenhaften Algren, dem er nur bis zur Schulter reicht, um ihn zum Tisch zu begleiten. Die Freunde Beauvoirs sind begeistert vom ruppigen Straßenköter-Charme des Amerikaners, der aus dem Stand solch phantastische Geschichten über tollkühne Gangster, erfolglose Detektive und traurige Huren erzählen kann.

Doch die freundliche Aufnahme in Paris kann nicht darüber hinwegtäuschen, daß Simone de Beauvoir hier so fest verankert ist, daß ein gemeinsames Leben in Amerika außer Diskussion steht. Algren selbst denkt keine Minute darüber nach, nach Frankreich zu ziehen, denn sein Lebenselixier ist seine Heimatstadt Chicago, deren Slums und Rotlichtviertel ihm den Stoff für seine Bücher liefern. Eine Auseinandersetzung scheint unvermeidlich, auch wenn Simone de Beauvoir versucht, weiter auf dem schmalen Seil zu tanzen, das sie zwischen ihrer beider Leben gespannt hat. Sie beruhigt ihn, vertröstet ihn, lenkt ihn ab, aber am Ende bleibt wieder nichts als Abschied.

Im Juli 1950 lädt Algren zum großen Showdown in sein Haus am Michigansee ein, das er sich gekauft hat, nachdem er für seinen Roman *Der Mann mit dem goldenen Arm* den Pulitzerpreis erhalten hat. Gleich nach ihrer Ankunft schreibt sie an Sartre: »Ich brauchte keine vierundzwanzig Stunden, um zu wissen, daß die Dinge sich verändert hatten – genau wie ich es Ihnen in jener Nacht voraussagte, in der ich Sie so lange wachgehalten habe. Gestern abend habe ich Algren gefragt, was los sei, und er hat es mir erklärt. Es ist das, was ich durch seine Briefe und den Rhythmus unserer Geschichte hindurch spürte: er ist sehr froh, mich zu sehen, aber mit dem resignierten Gedanken, daß ich komme, um wegzufahren, daß wir niemals mehr haben werden als dieses Kommen und Gehen, und das hat ihm eine Losgelöstheit gegeben, die an Gleichgültigkeit grenzt. Ich glaube, das sind die letzten Monate, die wir noch miteinander verbringen werden.«

Es sind quälende Wochen, die Beauvoir in dem idyllisch gelegenen Haus durchzustehen hat. Statt nach der Eröffnung Algrens sofort abzureisen, glaubt sie es ihm schuldig zu sein, die sterblichen Überreste ihrer Liebe gemeinsam mit ihm noch monatelang zu betrachten.

Schließlich erweist sie sich als Feministin der ersten Stunde und tut etwas, das Frauen noch heute, erst recht aber in den 50er Jahren verübelt wird: Sie entscheidet sich für die Arbeit und gegen den Mann. In der Nachbetrachtung ihrer Biographinnen und Biographen geht es meist um die Frage: Für oder gegen Sartre? Die Schlußsätze des Kapitels über Nelson Algren in der 1985 erschienenen Beauvoir-Biographie von Claude Francis und Fernande Gontier lauten: »Aber diese Liebe (zwischen Simone de Beauvoir und Jean-Paul Sartre, Anm. d. Autorin) wollte nicht vergehen und sollte die Liebenden über die Zeit und andere Liebesbeziehungen hinweg wieder zusammenführen.« Solche Sätze klingen nach Happy-End; man hört von ferne Hochzeitsglocken läuten. Doch Simone de Beauvoir muß sich von Algren trennen, um nicht den Boden zu verlieren, auf dem ihre Existenz als Schriftstellerin aufgebaut ist. Erst seit kurzem hat sie Fuß gefaßt, und Sartre ist gleichbedeutend mit Arbeit, intellektueller Auseinandersetzung und bildet nicht zuletzt den Mittelpunkt eines Netzwerks von Beziehungen zu Verlagen, Zeitschriften, politischen Weggenossen und Freunden. In der Beschreibung ihrer Biographinnen und Biographen, die gründlich am Mythos des intellektuellen Traumpaares Sartre–Beauvoir mitstrickten, ist dies nie als der Hauptgrund für das Scheitern ihrer Beziehung zu Nelson Algren benannt worden. Vielmehr galt es, die Liebe Simone de Beauvoirs, ihre Loyalität zu Sartre und manchmal gar ihre Abhängigkeit von ihm zu dokumentieren. So wird Nelson Algren zum notwendigen Bauernopfer stilisiert, das auf dem Altar dieser notwendigen großen Liebe gebracht werden mußte. Dabei war Sartre längst nicht mehr Mittelpunkt ihres Liebeslebens, sondern hauptsächlicher und in einem neuen Sinne notwendiger – Dreh- und Angelpunkt ihrer Arbeit.

Nach der Trennung von Algren gilt Sartre mehr denn je Beauvoirs Loyalität. Sie denkt ans Alter. In einem ihrer Briefe an Sartre, die sie ihm aus der bedrückten Stimmung in dem Haus am Michigansee schreibt, endet sie mit: »Wenn man uns in Frieden ließe, könnten wir noch einige so gute Jahre haben. Mein einziger Wunsch ist, Sie wiederzusehen. Schreiben Sie schön. Ich liebe Sie mit aller Kraft. Ihr reizender Castor.«

Doch im Leben Sartres gibt es neben seinen üblichen Dauerge-
liebten noch immer Dolorès Vanetti, die den Frieden der beiden stö-
ren könnte, da sie unbedingt geheiratet werden will. Beauvoir gibt
Sartre Anweisungen, sie loszuwerden. »Es wäre gut, wenn Dolorès
diese Reise nach Afrika machen könnte.« Und als er sich einen Monat später endgültig von ihr trennt, lobt sie ihn: »Sie haben es mit
Dolorès sehr sehr gut gemacht, es reicht, daß die Leute uns auf die
Nerven gehen.«

Wieder allein, gehen Sartre und Beauvoir gemeinsam ihren Weg
weiter. 1960 kommt Nelson Algren ein letztes Mal nach Paris. Er hat
inzwischen die amerikanische Übersetzung von *Die Mandarins von
Paris* gelesen, das Buch über die Pariser Intellektuellen in der Nachkriegszeit, das sie zu einem großen Teil in jenem traurigen *Indian
Summer* am Michigansee geschrieben hat. Der Roman bringt die
endgültige Anerkennung als Schriftstellerin, als sie im Januar 1953
den »Prix Goncourt« dafür erhält, den bedeutendsten französischen
Literaturpreis. Die kaum verhüllten Beschreibungen ihrer amerikanischen Romanze und später der – obwohl diskret angelegt immer
noch intimen – Details ihrer Liebe in *Der Lauf der Dinge* machen Algren allerdings wütend. Er hat kein Verständnis dafür, daß Simone
de Beauvoir ihre Liebe zum Romanstoff umwandelt. Als ein Journalist ihn viele Jahrzehnte später nach Simone fragt, regt er sich fürch-
terlich auf, rennt zum Schrank und holt eine Blechschachtel mit ihren Briefen hervor, auf die er unter wüstem Schimpfen unaufhörlich
einschlägt: »Die Hälfte unseres Briefwechsels ist von ihr zu Geld
gemacht worden«, schreit er. Der peinlich berührte Journalist ver-
schwindet schnell. Am nächsten Tag hat der inzwischen 72jährige,
herzkranke Algren zu einem Empfang anläßlich des Erscheinens seines neuesten Buchs geladen. Der erste Gast findet ihn tot auf dem
Boden liegend vor, einem Herzinfarkt erlegen. »Die Liebe hatte ihn
getötet«, folgern scharfsinnig Beauvoirs erste Biographen Claude
Francis und Fernande Gontier. Sein Tod ist nur das letzte Kapitel
einer Liebesgeschichte, die ebensosehr den Mythos um Simone de
Beauvoir und ihr Verhältnis zu Männern begründet wie ihre Beziehung zu Jean-Paul Sartre.

Algren hat es nie verwunden, daß seine Geliebte so unumwunden
aus dem Leben schöpfte, um schreiben zu können. Er konnte nicht
begreifen, wie wichtig es ihr war, in Frankreich zu bleiben, um nicht

vom Leben und damit vom Schreiben abgeschnitten zu sein. Es ist ihm nicht wirklich vorzuwerfen, daß er sich aus dem Gefühl heraus, auf den zweiten Platz verwiesen worden zu sein, unversöhnlich gab. Aber selbst er verstand nicht, daß es nicht Sartre war, der den ersten Platz bekam, sondern ihre Arbeit, die untrennbar mit ihm verbunden war. »Madame de Beauvoir, die es nicht riskieren wollte, ihre Freiheit zu verlieren, fühlte, daß sie sich auf die Untreue von Jean-Paul Sartre verlassen konnte«, schrieb er später. Anders als Sartre empfindet Algren es als verletzend, als Figur in einem Roman oder nur notdürftig verschleiert in einer autobiographischen Schrift aufzutauchen. Nachdem er *Die Mandarins von Paris* gelesen hat, will er sie nie wieder sehen. Das endgültige Ende dieser Liebe kann Simone de Beauvoir nur schwer überwinden. Als sie 1986 stirbt, wird sie unter demselben Grabstein wie Sartre begraben. Aber sie trägt den Silberring, den Nelson Algren ihr im Mai 1947 geschenkt hat.

Im Herbst 1957 stapeln sich auf Brigitte Bardots Tisch die Rollenangebote neben Hunderten von Briefen, die sie täglich bekommt. Das Telefon klingelt unaufhörlich. Seit dem Erfolg von »Und immer lockt das Weib«, der in den USA acht Millionen Dollar einspielt, ist es vorbei mit den kleinen Rollen in mittelmäßigen Filmen. Der Film hat ihr Leben auf den Kopf gestellt. Bei den Dreharbeiten hat sie sich in Jean-Louis Trintignant verliebt, und ihre Ehe mit Roger Vadim spielt nur noch als Klatschgeschichte in der Presse eine Rolle. Er hat sie berühmt gemacht, heißt es, und dann hat ihn das undankbare Luder verlassen. Vadim nimmt es gelassen – und registriert wohlwollend den Subtext der Geschichte, der das Image von Brigitte Bardot in ihrer Rolle als Juliette im Film fortschreibt. Alles läuft genauso, wie er es vorausgesehen hat, und er hat genug Selbstachtung, die wahren Gründe für das Scheitern dieser Ehe, die sich wie viele Jugendlieben überlebt hat, für sich zu behalten. Als Roger Vadim im Februar 2000 72jährig stirbt, wird sein lebenslanger Anspruch postum bestätigt: »Er war Nouvelle Vague par excellence«, stellt die *Süddeutsche Zeitung* fest, und die Filmlegende Jeanne Moreau ergänzt: »Truffaut, Godard, Rivette (...) wissen gar nicht, was sie Vadim zu verdanken haben.« Und im übrigen auch B.B.: »Brigitte Bardot hat in ›Und immer lockt das Weib‹ den Weg frei gemacht«, erklärt sie der *taz*.

Die junge Bardot allerdings wird von ihrem Erfolg überrollt. Sie ist 22, bis zur Raserei verliebt, über Nacht berühmt geworden – und allein. Jean-Louis Trintignant muß seinen Militärdienst in Deutschland antreten. Vor seiner Abreise engagiert er für seine völlig überforderte Geliebte einen Sekretär, Alain Carré. »Ich war eine arme, kleine Frau«, schreibt sie später, »verstört und verliebt und dabei die gefragteste, beliebteste Schauspielerin.« Das Presseecho auf ihren ersten Film ist überwältigend und macht sie weltweit bekannt. Von den Zeitungen und Magazinen, allen voran von *Paris-Match*, wird sie endgültig zum Sexstar gekürt. Ihr Name fällt jetzt in einem Atemzug mit Marilyn Monroe und Gina Lollobrigida. Sie gibt Interviews am laufenden Band, wird zu einem Empfang der englischen Königin Elisabeth II. geladen und kann sich bald nicht mehr auf der Straße blicken lassen, ohne von einem Troß Fotografen belagert zu werden. Niemand hatte diesen Erfolg vorausgesehen, selbst Roger Vadim wird davon überrascht. Es gibt noch keine Zunft von hauptamtlichen Medienprofis, die all dies hätten inszenieren oder lenken können. Aber jeden Tag werden die neuen Gesetze der Massenmedien entdeckt. Brigitte Bardot wird zum Synomym für die Wirkung eines Schmollmunds verbunden mit subversiver Attitüde. Ihr Aufstieg fällt mit dem Siegeszug eines neues Mediums, des Fernsehens, zusammen, das dem Kino und der Presse das Forum der Unterhaltung streitig macht. Hollywood reagiert zunächst hilflos auf das neue Phänomen, aber Brigitte Bardot zeigt, wie man es der Filmindustrie zunutze machen kann. Silvester 1957 tritt sie an der Seite von Gilbert Bécaud in einer französischen Fernsehgala auf und ist damit nicht nur in der Dunkelheit und in der Anonymität des Kinosaals zu bewundern, sondern auch in den privaten Wohnstuben.

Bardot erteilt den amerikanischen Filmbossen eine zweite Lektion: Von nun an hat Sex-Appeal einen französischen Namen, denn es ist Zeit für ein europäisches Mademoiselle-Wunder. In den USA hielt man es bisher für den Gipfel der Laszivität, wenn Marilyns Rock von einem Windstoß kurz gelüftet wurde. B. B. läßt ihre blonde Mähne scheinbar unfrisiert auf den Rücken fallen, trägt enge Jeans und braucht keine hochhackigen Schuhe, um ihren Körper zum Schwingen und die Männer um den Verstand zu bringen. Sie ist von einer verwirrenden Natürlichkeit.

Zwei Jahre, nachdem Simone de Beauvoir für ihr Buch *Die Mandarins von Paris* mit dem »Prix Goncourt« ausgezeichnet und mit 46

Jahren endgültig als Schriftstellerin weltweit anerkannt wurde, katapultiert »Und immer lockt das Weib« Brigitte Bardot in den Rang eines internationalen Filmstars. Während sich die europäische Literaturszene nach dem Krieg mühsam auf die Suche nach der verlorengegangenen Identität begibt, zaubert die Filmindustrie am laufenden Band neue Heldinnen und Helden aus dem Hut. James Dean schafft es, 1955 und 1956 mit nur drei Filmen zum Idol seiner Generation zu werden: »Jenseits von Eden«, »Denn sie wissen nicht, was sie tun« und »Giganten«. Als er am 30. September 1955 mit 24 Jahren bei einem Autounfall stirbt, ist er bereits Legende. Seine Partnerin in »Giganten«, die 24jährige Elizabeth Taylor, ist auf dem Weg, der sechs Jahre älteren Marilyn Monroe den Rang abzulaufen. Noch ist diese auf dem Höhepunkt ihrer Karriere und der Inbegriff von amerikanischem Sex-Appeal.

Roger Vadim wird nicht müde zu propagieren, Brigitte Bardot spiele keine Rollen, sondern immer nur sich selbst. Damit legt er den Grundstein für das persönliche Debakel, das der Ruhm für Brigitte Bardot bereithält. Sie ist dabei, ihr Leben, das sie bisher noch nicht wirklich in die Hand genommen hat, vollends dem Zugriff anderer zu überlassen. Nicht mehr lange – und sie ist öffentliches Eigentum. »Es war zugleich unglaublich, wunderbar und beängstigend«, schreibt sie in ihren Memoiren, »es war ein unvermutet wahr gewordenes Märchen; Balsam für Körper und Seele, doch es machte mir auch angst, und es bedrückte mich. Es war der Beginn eines gefährlichen und verlockenden Sogs.«

Jeder Mann, der sie auf der Leinwand sieht, imaginiert sie sich übergangslos in sein Bett. Er meldet Ansprüche auf dieses Wesen an, das, wie es Vadim ausdrückt, der »Traum eines jeden verheirateten Mannes« ist und längst nicht so unerreichbar scheint wie die Filmdiven, die er bisher auf der Leinwand gesehen hat. Auch die Frauen können sich mit ihr in viel größerem Maße identifizieren als mit Heldinnen wie Grace Kelly oder Marilyn Monroe. Ihre Kleidung, ihre Frisur und ihr Auftreten sind ohne jedes Geheimnis – und daher leicht zu imitieren. B.B. wird Mode: Die blonde Mähne, als »Spaghettiknoten« aufgetürmt oder kunstvoll zerzaust, die Kleider mädchenhaft, die Schuhe flach und bei jeder sich bietenden Gelegenheit leicht abzustreifen: Die Straßen in Frankreich und bald in der ganzen Welt sind überfüllt mit jungen Frauen, die so aussehen.

Die Presse verstärkt noch diesen Eindruck von Unmittelbarkeit und Erreichbarkeit, den Brigitte Bardot ausstrahlt. Die Artikel handeln von ihr, als sei sie jedermanns Tochter, Geliebte oder – im günstigsten Fall – Freundin, über die sich die gesamte Öffentlichkeit eine Meinung bilden kann. Auch in Deutschland gewöhnen sich die Journalisten einen herablassenden Ton an, wenn es um Brigitte Bardot geht. »Schauspielunterricht sollte diese Kurvenschönheit nehmen, und zwar sofort und vierundzwanzig Stunden am Tage. Sonst ist es aus mit ihrer Karriere«, schreibt Jochen Weno in der *BZ*, nachdem er »In ihren Augen ist immer Nacht« (»Les Bijoutiers du Clair de Lune«) gesehen hat, den Film, der im Jahr nach »Und immer lockt das Weib« folgt. In den 50er Jahren ist das ohne Beispiel. Bisher wurden die großen Schauspielerinnen von dem gigantischen Apparat, den die Filmindustrie für sie in Gang hielt, abgeschirmt: Marilyn Monroe, Grace Kelly und Sophia Loren waren ebenso Kunstprodukte der großen Studios wie vor ihnen Greta Garbo und Marlene Dietrich in den 30er und 40er Jahren. Nie wäre das Publikum auf die Idee gekommen, diesen Frauen wirklich nahekommen zu können. Ihr Status als Filmgöttinnen schützte sie.

Der Rummel um Brigitte Bardot verändert die Sitten des Filmgeschäfts nachhaltig, ohne daß sie selbst sie jemals zur Kenntnis genommen, geschweige denn befolgt hätte. Von Anfang an macht sie einen folgenschweren Fehler. Sie betrachtet die Schauspielerei nicht als Beruf, sondern als Ersatzgeliebten, der ihr in erster Linie Geborgenheit und Liebe schenken soll. Die hohen Gagen, die sie von nun an bekommt, bedienen ihr Bedürfnis nach Sicherheit, den Ruhm verwechselt sie mit Anerkennung. Vor allem aber glaubt sie mit der Schauspielerei eine Waffe gegen ihre ärgste Feindin gefunden zu haben: die Einsamkeit. Vadims Einschätzung, sie sei in den Filmen sie selbst, ist daher keineswegs falsch, aber fatal. Ihre Lieblingsproduzentin und langjährige Freundin Christine Gouze-Renal wird später dem einzigen autorisierten Biographen Bardots, Jeffrey Robinson, erzählen, B.B. habe die Filme nie um des Drehbuchs willen ausgesucht, sondern wegen der Menschen, die sie machten. Sie wählte Regisseure, Produzenten, Schauspielerkollegen, aber »ob das Script wunderbar oder schrecklich war, spielte keine Rolle. Und so traf sie oft eine schlechte Wahl. Manche ihrer Filme sind schlichtweg grauenhaft.«

Bardot hat panische Angst davor, alleine zu sein. Leere Räume und Tage ohne Beschäftigung bereiten ihr maßlosen Schrecken. Auch wenn sie die Drehpläne für die nächsten zwei Jahre kennt, empfindet sie auch nur wenige freie Tage in ihrem Terminkalender als bedrohliche schwarze Löcher.

Der Pragmatiker Vadim hatte ihr kurzerhand einen Hund namens Clown geschenkt, der ihr in der Wohnung Gesellschaft leisten sollte, wenn er auf seine Streifzüge durch die Stadt ging. Clown ist der erste einer ganzen Riege von Hunden, die sie im Laufe eines Lebens in ihr Haus holt. Diese Tiere scheinen ihr verläßlicher als Menschen, sie stellen kaum Ansprüche, sind aber jederzeit für ihre Gegenwart dankbar. Sie verliebt sich in alle Arten von Tieren – Hunde, Esel, Kühe –, Katzen dagegen tauchen seltener auf. Sie sind zu eigensinnig und nicht anhänglich genug, um ihren Wunsch nach ständiger Gesellschaft zu befriedigen.

Zu den Tieren gesellt sich jetzt ihr schwuler Sekretär Carré, der weit mehr als nur ihre Post erledigt. Er sorgt für heimelige Atmosphäre in ihrer neuen Eigentumswohnung in der Rue Paul-Doumer 71, bekocht sie, fährt sie zur Arbeit, und es dauert nicht lange, bis er auch in Liebesangelegenheiten ein enger Vertrauter wird. Als er einige Jahre später seine Zeit an der Seite Bardots in einer viel beachteten Artikelserie beschreibt, nimmt sie das zum Anlaß, fortan niemandem mehr in ihrer Umgebung über den Weg zu trauen.

Die Beziehung mit dem stets melancholischen Jean-Louis Trintignant, die als eine große romantische Affäre begonnen hat, leidet unter den langen Trennungen. Trintignant kann es nur schwer verwinden, daß »Und immer lockt das Weib« seine Filmpartnerin berühmt gemacht hat, während er selbst als unbekannter Schauspieler im langweiligen Trier seinen Militärdienst ableisten muß. Brigitte Bardot dagegen bringt seine Abwesenheit derart zur Verzweiflung, daß sie ihre Produzentin Christine Gouze-Renal mit der Ankündigung aufschreckt, sich umzubringen, wenn er nicht bald wieder bei ihr wäre. Christine ist die Schwägerin von François Mitterrand, damals ein hoffnungsvoller Nachwuchspolitiker mit guten Verbindungen, der es Brigitte ermöglicht, den Kabinettschef des Verteidigungsministers zu treffen. Sie will ihn bitten, Trintignant vom Militärdienst zu befreien. Der in ihren Memoiren »A.T.« genannte Politiker möchte

»diese Herzensangelegenheit«, wie er es bei ihrer ersten Begegnung nennt, lieber in einem Restaurant als im Ministerium regeln. Also verabreden sie sich ein zweites Mal. In ihrem Buch beschreibt Brigitte Bardot die Szene, die einem ihrer Filme entnommen sein könnte: »Ich landete in einer Art Séparée. Dieser Herr verstieg sich dazu, mir unablässig die Hand zu küssen, wohl in der Erwartung, nach dem Essen mit mir ins Bett zu steigen!« Und richtig, er will, daß sie »sehr, sehr nett« zu ihm ist, damit er sich für den fernen Geliebten einsetzt. Entrüstet lehnt Bardot ab. Der honorige Herr teilt ihr daraufhin mit unbewegter Miene mit, er könne Trintignant auch sofort in den Krieg nach Algerien schicken, wo junge französische Soldaten derzeit dringend gebraucht würden. Sie ist entsetzt. Dies ist keine leichtfüßige Verwechslungskomödie, in der die Männer sich auf der Leinwand bei ihrem Anblick in triebgesteuerte Wesen mit gierigen Blicken verwandeln, während sie scheinbar keine Ahnung von ihrer Wirkung und noch weniger Einfluß auf sie hat. Die filmreife Szene ist vielmehr der Widerhall eines Leinwandversprechens, das von den Buchstaben B.B. nicht nur lautmalerisch, sondern auch als Zeichensprache transportiert wird. Und die Männer, Politiker eingeschlossen, fordern dessen Einlösung. Bébé heißt Baby, und die Rundungen der Buchstaben stehen für Hintern und Brüste. Im Film ist sie Bild, in der Presse ist sie Zeichen. Die Semiotik ihres Körpers verheißt auch außerhalb des Kinos ständige Verfügbarkeit. Brigitte Bardot weigert sich, diesem Geist, den andere für sie gerufen haben, zu folgen. Als ihr der Respekt, den sie für sich fordert, verwehrt bleibt, ist sie erbost. Ihr Urteil ist nach der demütigenden Erfahrung mit dem Politiker vernichtend: »Ich hatte schon immer eine geringe Meinung von der Menschheit«, bilanziert sie, »doch an diesem Abend erreichte meine Menschenverachtung ihren Höhepunkt. Wie konnte ein Mensch, der dieses Namens würdig ist, sich so niederträchtig verhalten?« Ihre heftigen, zuweilen überzogenen Reaktionen auf derartige Vorfälle, die sich von nun an häufen, handeln ihr den Ruf einer Zynikerin ein. Sie sind Abwehrgefechte einer Frau, die auch im Laufe ihrer beispiellosen Karriere so gut wie kein Selbstwertgefühl entwickelt hat und stets mit dem Rücken zur Wand zu agieren scheint. Sie kennt kein Maß in ihrem Haß auf diejenigen, die ihr scheinbar oder wirklich Unrecht tun. Mit 22 Jahren nennt man sie daher kapriziös, mit zunehmendem Alter aber werden die Urteile weniger schmeichelhaft werden.

Silvester 1957 verliebt sie sich in Gilbert Bécaud, den bekannten französischen Chansonnier, von dem sie sich vergeblich erhofft, er möge ihrer Einsamkeit ein Ende bereiten und dabei helfen, den dauerabwesenden Jean-Louis Trintignant zu vergessen. Bécaud ist verheiratet, und der Ruhm ist ihm zu wichtig, als daß er seinen Ruf ihretwegen aufs Spiel setzen wollte. Als die Presse trotz aller Vorsichtsmaßnahmen von der Liaison erfährt, läßt er sie sitzen. Brigitte Bardot ist zutiefst enttäuscht. Von ihm, von den Journalisten, vom Leben im allgemeinen. »Ich welkte mit meinen dreiundzwanzig Jahren langsam dahin«, schreibt sie. Nach einem halbherzig unternommenen Selbstmordversuch eilt Bécaud zwar wieder an ihre Seite, aber langfristig hat ihre Strategie keinen Erfolg. Die beiden sind bereits wieder getrennt, als die Geschichte den Zeitungen noch hohe Auflagen einbringt.

Von nun an jagt eine Affäre die nächste, und Brigitte Bardot verfängt sich in den Netzen, die die Presse über sie auswirft. Sie hat keine Strategie, damit umzugehen. Statt dessen verfällt sie in eine Journalistenschelte, die innerhalb weniger Jahre in offenen Haß umschlägt. Sie macht die Presseleute für alles verantwortlich, was in ihrem Leben schiefläuft, und weigert sich zu sehen, daß sie selbst ihren Anteil daran hat. »Es ist eine Schande, was die Presse alles anrichtet, in den Schmutz und ins Lächerliche ziehen kann«, wettert sie immer wieder in ihren Memoiren. »Später hieß es dann, die Presse habe mich berühmt gemacht. Letztlich seien es die Journalisten gewesen, die mich geschaffen, geformt und groß herausgebracht hätten und, und, und … In Wirklichkeit haben sie mein Leben in einem Maße vergiftet, wie sie (sic) es sich kaum vorstellen können. Auch ohne sie wäre ich zu dem geworden, was ich bin, dafür aber ohne all die Probleme, die sie mir bereitet haben.« Wie viele ihrer Generation weigert sie sich erwachsen zu werden. Die naive Weltsicht eines Kindes, die sie mit Anfang Zwanzig noch straflos vor sich hertragen kann, wird später zum Stolperstein. Ihre Verbitterung und das Mißtrauen gegenüber den Menschen um sie herum werden wachsen.

Bardots Ruhm hat ein anderes Niveau und funktioniert nach anderen Gesetzen als jener einer Intellektuellen wie Simone de Beauvoir. Er trifft sie unvorbereitet, und sie hat das, was über sie geschrieben wird, noch weniger in der Hand als de Beauvoir, die immerhin selbst in Zeitungen und Zeitschriften publizieren und sich wehren kann. Aber dem Urteil der öffentlichen Meinung, so unterschiedlich die Meßlatten auch sind, bleiben beide ausgeliefert. Unabhängig von den Milieus, in denen sie lebten, überschritten sie Grenzen der Moral und sprengten herkömmliche Frauenrollen – wenn auch hier mehr und dort weniger beabsichtigt. Dafür werden sie abgestraft. Ihre Reaktion darauf ist naturgemäß sehr unterschiedlich. Brigitte Bardot erklärt der Presse den Krieg, ohne irgendeine Waffe in der Hand zu halten, mit der dieser Krieg geführt werden könnte. Ihr Scheitern ist vorprogrammiert, und sie verstrickt sich heillos in den Fängen des Ruhms. Nie gelingt es ihr, sich als Siegerin zu fühlen; selbst in den Momenten größter Anteilnahme des Publikums fühlt sie sich verkannt und allein gelassen. Sie verfügt über keine Strategie und nicht genug Selbstsicherheit, um sich zu schützen. Statt dessen flüchtet sie sich bald hinter eine Mauer von Klagen und Selbstmitleid.

Simone de Beauvoir hingegen ist bereits eine reife Frau, als sie mit ihren Büchern und ihrem unkonventionellen Lebensstil ins Visier der Öffentlichkeit gerät. Zudem hat sie einen Kreis von Freunden und Verbündeten um sich, der sie in Schutz nimmt. Sie kann gelassen auf Vorwürfe reagieren, die sie als Blaustrumpf oder Geliebte Sartres diffamieren. Dennoch wird sie mißtrauischer, sie gewöhnt sich zunehmend eine Schroffheit an, die viele in ihrer Umgebung vor den Kopf stößt. Je mehr sie kennen, desto einsamer wird es um sie. Ihre Romane versuchen, authentisches Leben einzufangen, aber sie muß immer mehr Rücksicht auf die Menschen um sie herum nehmen, die sie manchmal leichtfertig als Vorlage für ihre Figuren benutzt. Manche Freundschaften leiden darunter oder werden beendet. Nelson Algren ist nur das prominenteste Beispiel für die Art von Verletzung, die sie imstande ist ihrer Umgebung zuzufügen.

Männlichen Schriftstellern oder Schauspielern ergeht es zu dieser Zeit nur scheinbar ähnlich. Zwar muß auch Sartre wüste Kritik und ein Schauspieler wie Alain Delon persönliche Angriffe einstecken, aber für Frauen gelten nun einmal andere Regeln. Niemand käme auf die Idee, hinter Sartre eine Frau zu vermuten, die ihm ihre Ideen einflüstert. Daß Alain Delon sich eine Riege von Geliebten hält, gereicht ihm zur Ehre, und die schlechteren seiner Filme sind schnell vergessen. Vor allem die Fehler und Mißerfolge ihres Lebens werden Frauen wie Simone de Beauvoir und Brigitte Bardot lange vorgehal-

Von irritierender Indifferenz: B.B. 1958 mit Jean Gabin in
»Mit den Waffen einer Frau«. Hier zeigt sich, daß Leben
und Kino doch nicht eins sind. Während Yvette über ein
strategisches Waffenarsenal verfügt, steht die echte Brigitte
Bardot im Krieg mit den Medien mit leeren Händen da.

ten werden. Genau wie ihre männlichen Kollegen zahlen sie einen
Preis für ihren Erfolg. Sie sind einsamer als andere, müssen mancher
Freundschaft mißtrauen und sind der ständigen Beobachtung durch
Teilöffentlichkeiten ausgesetzt: Bardot steht im Visier des Boulevards, Beauvoir unter Beobachtung eines nicht minder tratschsüch-
tigen internationalen intellektuellen Milieus. Doch der Preis verdop-
pelt sich, wenn dies nicht als normaler Begleitumstand eines Lebens
als Berühmtheit, sondern als persönliches Versagen ausgelegt wird.

1958 dreht Brigitte Bardot einen ihrer besten Filme. »Mit den Waffen einer Frau« (»En Cas de Malheur«) greift das Image des Luders Juliette auf und treibt es auf die Spitze: Bardot spielt die junge Gespielin eines in Ehren ergrauten Rechtsanwalts, dargestellt von Jean Gabin. In der wohl berühmtesten Szene des Films sieht man Bardot von hinten in einem knappen Mini an den Rand seines Schreibtisches gelehnt. Sie bittet den Anwalt um Hilfe. Zusammen mit ihrem Freund hat sie einen Juwelierladen ausgeraubt und dabei eine alte Frau verletzt. Gabin fragt, wie sie sein Honorar begleichen wolle. Statt einer Antwort schiebt sie ihren Rock nach oben. Er geht auf das Angebot ein. Keinen Augenblick lang ist der Film moralisierend. Im Gegenteil, die Figur der Yvette ist von irritierender Indifferenz. Weder bereut sie ihre Tat, noch erscheint sie als dämonisches Biest – selbst nicht, als sie den ihr zunehmend verfallenen Anwalt um Haus und Hof bringt.

Die Existentialisten feiern Ende 1957 diesen *film noir* des Regisseurs Claude Autant-Lara als bebilderte Version ihrer Ideen. Während die Politik Ende der 50er Jahre im Kalten Krieg erstarrt, Ost und West zwei hermetische Blöcke bilden und mit Begriffen wie »gut« und »böse« die Welt einteilen, versucht die kulturelle Szene Frankreichs alle bourgeoisen Kategorien der Moral zu unterlaufen. Brigitte Bardot, die wie viele Protagonisten dieser Avantgarde aus gutbürgerlichem Hause stammt, gerät für einen Moment in deren Visier. Marguerite Duras schreibt im Oktober 1958 für den *France Observateur* einen Artikel mit dem Titel »Bardot – die Königin«, in dem sie zugibt, daß sie ihr seit dem Film »Mit den Waffen einer Frau« verfallen ist. »Denn ich war hingerissen von diesem Film, hingerissen allein von ihrer Existenz, von der Königin Bardot und ihrem Triumph auch über mich, die ich bis dahin mißtrauisch war angesichts einer Pest, die keine ist, trügerisch und von dieser Welt.« Daß Bardot vor allem vom Kleinbürgertum in Frankreich für ihren unmoralischen Lebenswandel geächtet wird, macht sie in den Augen der Intellektuellen bemerkenswert. Sie verklären sie als Heldin und betrachten sie plötzlich als eine der ihren, zur Fleisch gewordenen Idee von der grenzüberschreitenden Existenz. Der Artikel von Marguerite Duras macht Brigitte Bardot in den intellektuellen Zirkeln von St.-Germain-des-Prés salonfähig und schreibt ihr »als Zugtier der Geschichte der Frau« gar emanzipatorische Verdienste zu. Duras entdeckt Brigitte Bardot als Projektionsfläche für Intellektuelle, doch als diese den »wunderbaren Artikel« über sich liest, empfindet sie ihn »als Ironie des Schicksals«, denn er hat weniger mit ihrem wirklichen Leben zu tun als die schrecklichen Geschichten über sie in den Klatschspalten.

Sie kann mit den Intellektuellen, die sich ihrer so begeistert annehmen, wenig anfangen. Als sie noch die unbekannte junge Ehefrau Vadims war, hatte dieser sie seinen berühmten Freunden und Bekannten vorstellen wollen, die er manchmal im Hause des Herausgebers von *Paris-Match*, Hervé Mille, traf – darunter der Schriftsteller Jean Genet und die Chanteuse Juliette Gréco, die beide auch Freunde von Jean-Paul Sartre und Simone de Beauvoir sind. Brigitte Bardot fühlte sich stets unwohl in Gesellschaft dieser Leute, die über Dinge redeten, von denen sie nichts verstand, und die über ihre Schulmädchenkleidung lächelten. In ihren Memoiren erzählt sie von einem Abend, an dem sie sich schrecklich blamierte: »Bei ihnen blätterte ich eines Tages in einem Fotoband von Henri Cartier Bresson und stieß zufällig auf ein verblüffendes, zugleich erschreckendes Foto mit der Bildunterschrift ›Auf der Straße verhungerter Inder‹. Ich drehte mich zu Vadim um und sagte: ›Sieh mal, ein Foto von einem verhungerten Mann – ganz aus dem Leben gegriffen!‹ Die Antwort war schallendes Gelächter. Ich habe viel bei ihnen gelernt.«

Die Lektion lautet: Halte dich fern von Intellektuellen! Die Geschichte könnte die Beschreibung eines naiven gutbürgerlichen Mädchens sein, das auf das Elend der Welt mit ehrlicher, wenn auch oberflächlicher Erschütterung reagiert. Aber sie zeigt mehr als das. Auch als reife, erwachsene Frau wird sie nie anders auf gesellschaftliche Mißstände reagieren: Sie nimmt sie persönlich. Die Welt der Pariser Intellektuellen, die damals das geistige Leben Europas beherrschen, wird ihr immer fremd bleiben. Politische Theorien, die nach dem Schock des Krieges die Welt neu erklären wollen, interessieren sie nicht. Aber sie wird unfreiwillig Teil einer kulturellen Bewegung, die auf den Ideen der klugen Köpfe der *rive gauche* basiert: Aufbruch in ein neues Zeitalter, das den Menschen ein freieres Leben verspricht. Brigitte Bardot materialisiert diese Vorstellungen, verleiht ihnen einen Körper. »Mythen«, schreibt Simone de Beauvoir, »sind zu befragen auf die Menschen, die dahinterstehen.« Bei

Brigitte Bardot befinden sich Mythos und Mensch von Anfang an im Dauerclinch. Ihre Abneigung gegen die tonangebenden Intellektuellen, zu denen sich auch Roger Vadim gern zählen würde, sitzt tief. Auch wenn es zeitweise so aussieht, als gebe es eine Verbindung zwischen ihr und ihnen, als seien sie Teil derselben Bewegung – dem Aufbruch der Jugend –, so stellt sich schnell heraus, daß Brigitte Bardot und die französische Linke unvereinbar bleiben werden wie Wasser und Öl. Es ist eine Gemengelage aus erzkonservativer Erziehung und Mißtrauen gegenüber Menschen, die sie als hochmütig und besserwisserisch empfindet. In einer Welt voller Botschaften hat Brigitte Bardot keine. Die Existentialisten mißverstehen dies als subversiv. Doch nichts liegt ihr ferner als gezielte Provokation. Viel-

»Halte dich fern von Intellektuellen!« Eine Zeitlang wird Brigitte Bardot zur Projektionsfläche französischer Intellektueller, die ihr ein subversives – also revolutionäres – Wesen attestieren. Doch die Schauspielerin kann damit wenig anfangen, und einmal mehr liegen Mythos und Mensch B.B. im Clinch miteinander. Brigitte Bardot mit Jean-Luc Godard in den 60er Jahren.

mehr kämpft sie stets darum, als eine gewöhnliche Frau wahrgenommen zu werden, die geliebt und geachtet werden will. Daß es
ihr nicht gelingt, wirft sie stets den anderen vor.

In nur zwei Jahren hat der Ruhm ihr Leben in einen Groschenro-
man verwandelt, ohne daß sie in der Lage gewesen wäre, etwas dagegen zu unternehmen. Sie verbringt den Sommer 1958 an der Côte
d'Azur, in einem Haus, das bald als besondere Attraktion in die Reiseführer von Saint-Tropez aufgenommen wird: La Madrague. Sie hat
es gekauft, um sich zurückziehen zu können, doch statt dessen hat
sie sich dort mit einem zweitklassigen Schlagersänger namens Sacha
Distel eingenistet, der ohne ihr Wissen ihr Porträt auf seine Schall-
plattenhüllen drucken läßt und Songs komponiert, die großen Erfolg mit Refrains haben wie: »Brigitte, Brigitte, vite, vite, leg deinen
hübschen blonden Kopf an meine Schulter.« Immerhin taugt er als
Liebhaber und – was ihr noch wichtiger ist – als Mittel gegen die
stets drohende Einsamkeit. Doch Sacha Distel kommt mit zunehmendem Erfolg Anfang 1959 auf die Idee, mit seinen Liedern auf
Tournee zu gehen. Brigitte Bardot kehrt nun abends nach den an-
strengenden Dreharbeiten für ihren neuesten Film »Babette zieht in
den Krieg« (»Babette s'en va-t-en guerre«) in eine leere Wohnung
zurück. Diesmal ist es ihr nicht ganz unrecht, denn sie hat sich in
ihren Filmpartner Jacques Charrier verguckt und kann die Gelegenheit nutzen, ihn zu einem Abendessen zu sich nach Hause einzuladen. Er ist ein gutaussehender, wohlerzogener Sohn aus gutem
Hause und zwei Jahre jünger als sie. Brigitte Bardot umgibt inzwischen der Nimbus der begehrtesten Frau der Welt, und kaum hat er
die erste Nacht mit ihr verbracht, behandelt er sie wie einen kostbaren Schatz, den es mit Zähnen und Klauen gegen die Besitzansprü-
che des restlichen Universums zu verteidigen gilt. Kein Zweifel, er
will sie vom Fleck weg heiraten, um sie sich zu sichern. Da die Fotografen ihr auf Schritt und Tritt folgen, mietet er eine kleine schäbige
Wohnung, in der sie sich verstecken können. Brigitte Bardots Leidenschaft für Jacques Charrier hält sich angesichts der wenig luxu-
riösen Umgebung bald in Grenzen. Sie sehnt sich nach heißen Bä-
dern, einem Dienstmädchen und – Sacha Distel. Die Skandalblätter
dagegen haben bereits entschieden: Jacques Charrier ist der Neue.
Sie drucken ein Foto von Distel mit der traurigen Miene des abge-
wiesenen Liebhabers. Wieder packt sie die Wut, wenn sie liest, sie

sei eine Schlampe und niederträchtige Hure, die die Männer packe, aussauge und wegwerfe. »Ich war keine größere Schlampe als alle anderen auch und habe immer einfach gelebt. (...) Aber man gab ein vollkommen falsches Bild von mir wieder, das nur eine Seite der Medaille zeigt.«

Nie hat sie aus der Reihe tanzen wollen, Rebellion um der Rebellion willen liegt ihr fern. Sie will so sein wie alle anderen, und in vielem ist sie dies auch. Doch sie fühlt sich stets verkannt. Statt Anerkennung und Zuneigung bekommt sie zunehmend offene Verachtung zu spüren. Sie ist sich nicht bewußt, wie sehr ihr Lebensstil gegen die vorherrschende Moral verstößt und empfindet daher die Empörung nicht als das, was sie ist: Abwehrreaktion einer Gesellschaft, die Nestbeschmutzer nicht duldet, sondern als eine zum Himmel schreiende, ihr völlig unverständliche Ungerechtigkeit. Die ganze Welt scheint sich gegen sie verschworen zu haben.

Während Brigitte Bardot mit der Presse und mit der Entscheidung kämpft, ob sie den smarten Sacha Distel wegen eines besitzergreifenden Offizierssöhnchens verlassen soll, erhält Simone de Beauvoir im Sommer 1959 das Angebot des amerikanischen Männermagazins *Esquire*, einen Essay über das neue Frauenwunder B.B. zu schreiben. Ein einziges Mal kreuzen sich die Lebenswege der beiden Frauen. Simone de Beauvoir ist zum Zeitpunkt dieser virtuellen Begegnung die überlegenere, ältere, etabliertere. Sie zeigt sich fasziniert von dem Phänomen B.B., auch wenn sie die Wirkung Bardots weitaus differenzierter beschreibt als Marguerite Duras. Im *Esquire* erscheint ihr Essay mit dem Titel: »Brigitte Bardot and the Lolita-Syndrome.« In Deutschland druckt die *Frankfurter Allgemeine Zeitung* ihn später mit der Überschrift »Brigitte Bardot – ein Symptom« nach.

Die mittlerweile weltberühmte Autorin von *Das andere Geschlecht* und *Die Mandarins von Paris* analysiert die Mischung aus konventionellen und neuartigen, subversiven Elementen, die die magische Wirkung von Brigitte Bardot auf ihr Publikum ausmacht, ihre kindliche Naivität, die den Schutzinstinkt der Männer anspricht, aber auch ihre damals ungewöhnlich aggressive Sexualität. Simone de Beauvoir zeigt sich beeindruckt, mit welcher Selbstverständlichkeit Brigitte Bardot bisher geltende Moralvorstellungen ignoriert. Es blitzt so etwas wie Bewunderung für diese Frau auf, die ihre Tochter sein könnte, und die der ganzen Welt scheinbar ungeniert und in aller Öffentlichkeit vormacht, daß weibliche Sexualität neu definiert werden muß. Ihre Macht beruht nicht auf dem Geheimnisvollen, Fremdem, das die Männer stets als »das andere« definieren und damit herabsetzen können. Brigitte Bardot braucht kein gesellschaftliches Prestige an der Seite eines Mannes und nicht einmal aufwendige Garderobe, um als Frau zur Kenntnis genommen zu werden. Scheinbar mühelos verströmt sie ihre Anziehungskraft, ohne dafür etwas tun zu müssen.

Als erste nimmt Simone de Beauvoir auch den Haß der französischen Frauen auf Brigitte Bardot unter die Lupe, die sich nicht allein »durch ihre Schönheit gedemütigt und bedroht fühlen«. Der Grund für die Ablehnung der Frauen liegt tiefer. Während die Männer sich zwar gerne von den Reizen eines Nymphchens wie B.B. in Wallung bringen lassen, sie aber im nächsten Augenblick ob ihrer Schamlosigkeit wie eine Hure behandeln können, fühlen sich die Frauen durch Bardots unschuldig daherkommenden Sex-Appeal auf subtile Weise ihrer moralischen Überlegenheit beraubt. »Die anständigen wie die verschmähten Frauen konnten sich sicher fühlen angesichts der klassischen Circen, die ihre Macht dunklen Geheimnissen verdankten. Das waren kokette und berechnende Geschöpfe, verdorben und verkommen, besessen von einer bösen Macht. Von der Warte ihrer Tugend herab konnten die Verlobte, die Ehefrau, die großherzige Geliebte und die despotische Mutter diese Hexen voll lustvollen Eifers verdammen. Wenn aber das Lustvolle die Farben der Unschuld anlegt, geraten sie in Rage. B.B. hat nichts von einer ›bösen Frau‹ an sich. Ihr Gesicht spiegelt Offenheit und Freundlichkeit. Sie läßt sich eher mit einem Pekinesenhündchen vergleichen als mit einer Katze, sie ist weder verdorben noch korrupt.«

Simone de Beauvoir nimmt Brigitte Bardot gegen diejenigen in Schutz, die ihr moralische Zügellosigkeit vorwerfen, und gegen diejenigen, die sie als dumm und trivial herabwürdigen wollen. Aber sie unterscheidet zwischen dem Mythos B.B. und der Person Brigitte Bardot. »Will man die Bedeutung B.B.s verstehen, ist es unwichtig, das wahre Gesicht der jungen Frau Brigitte Bardot zu kennen. Ihre Bewunderer wie ihre Verleumder haben es mit einem imaginären Geschöpf zu tun, das sie auf der Leinwand sehen – durch eine Wolke großen Tamtams.« Damit verstößt sie gegen ihr eigenes Diktum, daß die Mythen immer auf die Menschen dahinter zu befragen seien. Im Fall von Brigitte Bardot scheint ihr das Exemplarische der Wirkung interessanter zu sein als der Mensch, der dahintersteckt. Die beiden hätten sich, wäre es zu einer wirklichen Begegnung gekommen, wahrscheinlich wenig zu sagen gehabt. Aus der Ferne ist Simone de Beauvoir das Phänomen B.B. sympathischer, als die Frau Brigitte Bardot es je hätte sein können. Die Reaktion Brigitte Bardots auf den Text zeigt, daß sie das sehr wohl begriffen hat: Sie bricht in Gelächter aus und sagt dem Regisseur Louis Malle, der ihn ihr während der Dreharbeiten von »Privatleben« (»Vie privée«) vorgelesen hat: »Das hat mit mir nichts zu tun!« Sie weigert sich, die Ferndiagnose einer Frau auf sich zu beziehen, die sie als gesellschaftliches Symptom statt als Mensch aus Fleisch und Blut betrachtet. Das ist nicht ihre Art, die Welt zu erklären. Es liegt ihr fern, und es befremdet und bedroht sie, ihre Rolle als Phänomen zu akzeptieren. Anders als Simone de Beauvoir fühlt sie sich außerstande, ihren Platz in der Welt selbst einzunehmen, und sie hat gelernt zu hassen, daß er ihr von anderen zugewiesen wird. Sie besteht ebenso unnachgiebig wie erfolglos darauf, als Individuum zur Kenntnis genommen zu werden. »Ihre verwirrendste Tugend«, schreibt Simone de Beauvoir, sei ihre Ehrlichkeit. »Sie ist die Essenz ihres Wesens, die ihr weder durch Schläge noch durch klare Argumentation oder Liebe genommen werden kann. Sie lehnt nicht nur Heuchelei und Kritik ab, sondern auch Berechnung, Besonnenheit und vorherige Überlegung.«

Sowohl die intellektuelle Szene Frankreichs als auch die internationale Filmbranche werden bis in die kleinsten Ritzen von Männern dominiert. Simone de Beauvoir und Brigitte Bardot sind in ihren Metiers gleichermaßen Minderheit wie Ausnahmeerscheinung. In den Nachkriegsjahrzehnten ist das Hauptanliegen der Jugend, sich frei von Konventionen zu machen. Emanzipation im weitesten Sinne wird zum Leitmotiv dieser Generation, und Simone de Beauvoir wie auch Brigitte Bardot bieten sich den Frauen als unterschiedliche Vorbilder an, wie sie den herkömmlichen Rollen als Mutter, Haus- und Ehefrau entkommen können. Der berufliche Erfolg macht sie finanziell unabhängig und schenkt ihnen den Glanz öffentlicher Bewunderung. Beide werden von Männern wie Frauen bekämpft, auch wenn in der intellektuellen Welt mit feineren, aber spitzeren Degen gefochten wird als auf dem schlammigen Schlachtfeld des Showbusiness.

Als Frau sowohl in beruflicher als auch in privater Hinsicht Anerkennung und Respekt zu erlangen, ist Ende der 50er Jahre ein Drahtseilakt mit extrem großer Absturzgefahr. Der 24jährigen Schauspielerin Brigitte Bardot wird es nie gelingen, ihren Erfolg als persönliche Leistung zu verbuchen. Sie fühlt sich verkannt, um ihre Persönlichkeit und Freiheit beraubt. Mit den Sehnsüchten, Ängsten und Wünschen, die auf sie projiziert werden, kann sie nichts anfangen. Ihre Orientierungslosigkeit und Freiheitsliebe sind in den Augen der Öffentlichkeit Zeichen des moralischen Verfalls, während sie der Nachkriegsjugend aus der Seele sprechen. Sie wird mitgerissen von dieser Welle, die in ihr eine Leitfigur gefunden hat. Aber nie fühlt sie sich als Herrin über die Geschehnisse.

Das Leben Simone de Beauvoirs scheint dagegen geradlinig auf ein Ziel zugesteuert zu sein. Mit Ende Vierzig hat sie ihren Jugendtraum wahr gemacht, mit Büchern Liebe zu erschreiben und den leeren Himmel über sich wieder zu bevölkern. Dafür mußte sie auf ihre große Liebe Nelson Algren verzichten. Kurz nach der Trennung beginnt sie 1952 eine Beziehung mit dem 27jährigen Claude Lanzmann, der später als Regisseur von »Shoah« ein Kapitel Filmgeschichte schreiben wird. Es ist eine Liebe, an die sie nicht mehr geglaubt hatte, und sie beschert ihr sechs ruhige, weitgehend glückliche Jahre. 1958 ist sie wieder allein, auch wenn sie stets von einer Menge Leute umgeben ist, die sie schätzen und lieben. Sie stürzt sich an der Seite Sartres in die politische Arbeit, unternimmt Reisen nach Rußland und China, kümmert sich um die Herausgabe der Zeitschrift *Les Temps modernes*. In diesem Jahr kommt der erste Band ihrer Memoiren heraus, denen bis 1972 noch drei weitere folgen werden. Sie ist eine gefragte Schriftstellerin und muß ihre Zeit sorgfältig planen. Mit dem Preisgeld des »Prix Goncourt« hat sie sich eine Wohnung in der Rue Schoelcher 11 gekauft und wird zum ersten Mal in ihrem Leben wirklich seßhaft. »Als ich mich zum erstenmal in meiner neuen Behausung schlafen legte, dachte ich: ›Das wird mein Sterbebett sein‹«, schreibt sie in *Der Lauf der Dinge* (*La force de l'âge*). Sie ist Anfang Fünfzig und denkt bereits ans Alter, an den Tod und an das Leben, das hinter ihr liegt.

In »Brigitte Bardot and the Lolita-Syndrome« sieht Simone de Beauvoir mit geradezu prophetischer Gabe die Tragödie voraus, auf die

Brigitte Bardot nur ein Jahr nach Erscheinen des Essays zusteuert. »Die endgültige Reinwaschung für einen Star, die Erlösung, ist die Ehe und die Mutterschaft«, schreibt sie und endet ihren Artikel: »Ich kann nur hoffen, daß sie sich nicht selbst der Bedeutungslosigkeit überläßt, nur um populär zu werden. Ich hoffe, sie wird reifer werden, aber sich nicht ändern.«

Im April 1959, während der Dreharbeiten zu »Babette zieht in den Krieg«, wird Brigitte Bardot erneut schwanger. Der Vater des Kindes, Jacques Charrier, versucht sie mit aller Kraft davon zu überzeugen, daß sie eine wunderbare Mutter sein und alles gut werde. Sie aber will kein Kind: »Mein Leben war ohnehin kompliziert genug. Wenn ich für alles allein sorgen mußte und noch dazu ein Kind hätte, na, dann gute Nacht«, schreibt sie. Sie versucht, eine Möglichkeit zu finden, um abzutreiben. Doch Charrier überwacht sie Tag und Nacht, und ihre Popularität macht sie vollends zur Gefangenen. Alle Ärzte, Hebammen und Engelmacherinnen, die sie kontaktiert, weigern sich ihr zu helfen. Auf Abtreibung steht in Frankreich noch immer Gefängnisstrafe, und keiner von ihnen will mit dem Namen Brigitte Bardot in Verbindung gebracht werden.

Ein Alptraum beginnt. Ihre einzigen Verbündeten sind die Filmproduzenten, die den Abbruch der Dreharbeiten befürchten. Mit ihrer Hilfe besorgt sie ein Mittel, das sie sich spritzen läßt, um vorzeitige Wehen einzuleiten und damit den Fötus zu töten. Es nützt genausowenig wie ihre halsbrecherischen Aktionen während der Dreharbeiten: Bei einem Fallschirmabsprung läßt sie sich absichtlich nicht doubeln, um eine Fehlgeburt zu bekommen. Die Beschreibung ihrer Versuche, ihre Schwangerschaft zu beenden, ist bizarr: »Und wenn ich körperlich fertig war, so dachte ich, mußte der kleine Sproß, den ich vielleicht in meinem Bauch hatte, erst recht die Segel streichen. Ich würde ihn schon kleinkriegen; in diesem Alter ist man nicht sonderlich widerstandsfähig.« Diese und andere Formulierungen haben ihren Sohn Nicholas bei Erscheinen ihrer Memoiren 1996 bewogen, Klage gegen seine Mutter zu erheben. Noch in den 90er Jahren bringt sie sich mit der »Essenz ihres Wesens« (Beauvoir) um Kopf und Kragen.

Ihre kompromißlose Ehrlichkeit ist ein zweischneidiges Schwert. Weder hilft sie ihr, Entscheidungen zu treffen, noch schützt sie sie vor der Verantwortungslosigkeit, die sie anderen Menschen gegenüber an den Tag legt. Sie steht daher Situationen wie der ihrer vierten ungewollten Schwangerschaft hilflos gegenüber. Es gibt kein Entkommen. Sie wird das Kind gegen ihren Willen austragen müssen. An diesem Punkt besinnt sie sich auf die bürgerlichen Werte ihres Elternhauses, von dem sie sich nie wirklich abnabeln konnte. Immerhin ist Jacques Charrier der bisher einzige Mann, den ihre Familie für standesgemäß hält. Und vielleicht bietet das Kind ihr die Chance, wieder ein respektables und damit anerkanntes Mitglied der Gesellschaft zu werden. Sie entscheidet sich, Charrier zu heiraten, »um die Familienehre zu retten«. Die Öffentlichkeit ist entzückt und unverhohlen schadenfroh, als die Nachricht von ihrer Schwangerschaft und den Eheplänen durchsickert. »In den Jahren nach dem Krieg hatten weibliche Filmstars dadurch, daß sie schwanger wurden, dokumentiert, daß sie ganz normale Menschen waren, während sich ihre männlichen Berufskollegen einer vergleichbaren Geste bedienten und sich zum Militärdienst meldeten«, schreibt der Bardot-Biograph Sean French und vergißt dabei, daß Elvis Presley nach dem Militärdienst wieder sein Leben wie gewohnt aufnehmen konnte, während eine Frau wie Brigitte Bardot wußte, daß sie nach neun Monaten Schwangerschaft nicht mehr nur Frau, sondern ein ganzes Leben lang auch Mutter sein würde.

Zur Hochzeit mit Jacques Charrier am 18. Juni 1959 drängeln sich an diesem Morgen vor dem Standesamt in Louveciennes die Fotografen. Sie bevölkern auch das Innere des kleinen Gebäudes, stoßen Tische und Stühle um, sitzen in jeder Fensternische und richten ihre Objektive auf alles, was sich bewegt. »In dieser gräßlichen und überhitzten Stimmung, umgeben von den angespannten und angsterfüllten Mienen unserer Eltern, im ständigen Blitzlichtgewitter der Fotografen gaben Jacques und ich uns das Jawort«, erinnert sich Brigitte Bardot mit Schaudern an den unseligen Hochzeitstag, der als böses Omen die kurze und unglückliche Zeit ihrer Ehe vorwegnimmt.

Jacques hält weder die ständige Jagd der Fotografen noch seine unterlegene Rolle als »Monsieur Bardot« aus. Als seiner Frau die Hauptrolle in Henri-Georges Clouzots Film »Die Wahrheit« (»La Verité«) angeboten wird, will er ihr verbieten, erneut zu drehen. »Ich habe jetzt das Sagen«, soll er Brigitte Bardot zufolge geschrien haben, »und ich sage nein, nein, nein und nochmals nein, es ist vorbei mit dem Goldesel, ein für allemal vorbei!« Es kommt zu einem heftigen

Streit, bei dem Charrier unterliegt. Von nun an bringt Brigitte Bardot, die, wie sie sagt, »eine starke Schulter« braucht, keinen Respekt mehr für ihn auf. Er ist in ihren Augen ein Schwächling, und für seine Depressionen bringt sie weder Verständnis noch Geduld auf. Er wiederum hat dem launischen, verwöhnten Naturell Bardots wenig entgegenzusetzen. Sie fängt an ihn zu hassen, wie auch sein Kind, das sie austrägt. Wieder einmal schluckt sie ein Röhrchen Tabletten, das nicht ausreicht, um sich umzubringen, aber ihr das Gefühl verleiht, gehandelt zu haben, auch wenn es nur eine Kurzschlußhandlung ist. »Wußte ich wirklich, was ich tat? Ich suchte im wahrsten Sinne des Wortes nach der Erlösung, die ich nirgends finden konnte, denn ich war eine Gefangene meiner Berühmtheit, eine Gefangene meines Körpers, meines Gesichts, meines Kindes und meines Ehemannes, und all dem wollte ich entkommen.«

Die Geburt von Nicholas am 11. Januar 1960 empfindet sie als eine einzige Demütigung. »Ich war zu einer nutzlosen Hülle geworden, die das ausschlüpfende Insekt verläßt.« Ihre Beschreibungen werden immer drastischer. Nie hat eine berühmte Frau so offen ihre Abneigung gegen das Kinderkriegen ausgesprochen, und dafür wird sie mehr als für all ihre anderen Verfehlungen abgestraft.

»Woher rührt bei mir diese tiefsitzende Ablehnung der Mutterrolle?« fragt sich Brigitte Bardot in ihren Memoiren. »Vielleicht liegt es daran, daß ich selbst eine solide Stütze benötigte, die ich nicht gefunden hatte, und mich außerstande sah, meinerseits einem Wesen Halt zu geben, das sein ganzes Leben von mir abhängig sein würde.« Sie kann ihre Angst vor Verantwortung und ihr mangelndes Selbstwertgefühl nie überwinden, auch wenn es um ihren Sohn geht. So macht sie ihn für ihre Zwangslage verantwortlich. Selbst wenn sie gewollt hätte, wäre es ihr unmöglich gewesen, die Verantwortung zu tragen. Empfängnisverhütung ist bis Mitte der 60er Jahre ein Glücksspiel, denn Kondome sind verboten, und die Pille gibt es noch nicht. Das Wunschkind ist eine Erfindung der 70er Jahre, bis dahin werden die meisten Frauen ungeplant und oft ungewollt schwanger. Statt sich aber wie so viele damit abzufinden und gesenkten Hauptes die Mutterrolle einzunehmen, posaunt Bardot ihre Wut in die ganze Welt hinaus. Das verzeiht man ihr nicht. »Ich bin keine Mutter und werde nie eine sein«, ruft sie den Journalisten nach der Geburt von Nicholas zu. Es folgt ein Sturm der Entrüstung. Die

Aggressionen sind nicht mehr nur verbal. Als sie eine Freundin im Krankenhaus besuchen will und in den Fahrstuhl steigt, wird sie dort trotz Verkleidung von einer Frau als Brigitte Bardot erkannt. Zuerst beschimpft sie sie als Hure und dreckiges Luder, dann aber wird sie handgreiflich. Mit einer Gabel geht sie auf Bardot los und sticht ihr einige Male in den Handrücken, bevor es der entsetzten Brigitte Bardot gelingt, aus dem Fahrstuhl zu entwischen.

Auch Simone de Beauvoir wurde immer wieder dafür angefeindet, daß sie sich weigerte, Kinder zu bekommen. Die übelsten Attacken auf *Das andere Geschlecht* gipfelten Ende der 40er Jahre stets darin, sie sei entweder unfruchtbar, habe bereits dutzendfach abgetrieben oder verleugne es gar, ein Kind zu haben. Anfang der 60er Jahre können Frauen wie Brigitte Bardot und Simone de Beauvoir zwar arbeiten und finanziell auf eigenen Füßen stehen, aber daß sie die Mutterschaft ablehnen, geht entschieden zu weit. Ihre – durchaus unterschiedlichen – Gründe dafür, auf Nachkommen zu verzichten, stehen niemals im Mittelpunkt des Interesses. Tatsächlich wäre es Simone de Beauvoir unmöglich gewesen, ihr Leben so zu gestalten, wie sie es wollte, hätte sie sich um Kinder kümmern müssen. Und was Männern als Umsicht angerechnet wird, zählt bei Frauen wie Brigitte Bardot wiederum als Egoismus. Alice Schwarzer fragt 1973 Simone de Beauvoir, ob ihr der Verzicht auf Kinder je leid getan habe. »Überhaupt nicht!« antwortet diese: »Niemals habe ich bereut, kein Kind zu haben. Denn ich hatte sehr viel Glück, nicht nur in meiner Beziehung zu Sartre, sondern auch in meinen Freundschaften. Ganz im Gegenteil, wenn ich die Beziehung der Frauen, die ich kenne, mit ihren Kindern sehe, vor allem mit den Mädchen, wirklich, das erscheint mir oft gräßlich. Ich bin glücklich, dem entkommen zu sein.«

Ihr Bedürfnis nach lebenslangen Bindungen erfüllt sich für Simone de Beauvoir mit dem Leben innerhalb der *petite famille*, einer Wahlfamilie, die sie mit Sartre kreiert hatte und in der die Probleme und Auseinandersetzungen jenen einer bürgerlichen Kleinfamilie in nichts nachstanden. Die Schwestern Olga und Wanda Kosakiewicz, Jacques-Laurent Bost, der Olga geheiratet hat, und die wechselnden Geliebten Sartres gehören zu diesem inneren Kreis, der sich im Laufe der Zeiten mal vergrößert, mal verkleinert. Das Verhältnis der einzelnen Familienmitglieder bleibt stets spannungsgeladen. Meist versuchen die Frauen Sartres vergeblich, die Vorrangstellung de Beauvoirs zu kippen, aber manchmal gibt es auch Überraschungen. 1965 adoptiert Sartre die fast 30 Jahre jüngere Arlette Elkaim, ohne es zuvor mit de Beauvoir abzusprechen. Arlette trägt jetzt nicht nur seinen Namen, sondern wird auch die gesamten Rechte am Werk Sartres nach seinem Tod erben.

Es ist eine fragile Ordnung, die 1929 durch den berühmt gewordenen Pakt von Sartre und de Beauvoir begründet worden war und ihr ganzes Leben prägte. Jetzt, 30 Jahre später, hat sich das simple und doch so ambitionierte Versprechen, das eine freiere Alternative zur bürgerlichen Ehe sein sollte, in einen durch und durch organisierten Mikrokosmos verwandelt, in dem die Liebe einem strengen Zeitplan unterworfen ist. Die Gier Sartres nach immer jüngeren Frauen nimmt mehr als einmal groteske Formen an. Den Pakt ein ganzes Leben lang zur Grundlage einer Beziehung zu machen, war ein gewagtes Experiment, das nur selten gelang. Zwar garantierte es beiden eine einzigartige Freiheit, aber die war keineswegs umsonst zu haben.

Brigitte Bardot stürzt sich einige Wochen nach der Geburt von Nicholas in die Dreharbeiten von »Die Wahrheit«. Den Kleinen gibt sie in die Obhut eines Kindermädchens. Ihren Mann, der inzwischen in eine Klinik eingewiesen wurde, straft sie mit Verachtung. Im Film spielt sie die Mörderin Dominique, die sich vor den hohen Herren des Gerichts weniger für ihre Tat als für ihren schockierenden Lebenswandel verantworten muß, den sie im berüchtigten Pariser Stadtteil St.-Germain-des-Prés führt. Aber bereits in der Provinz, so führt der Staatsanwalt aus, habe sie als Jugendliche Anzeichen von renitentem Verhalten an den Tag gelegt. Der Beweis: Ein Exemplar des Buchs *Die Mandarins von Paris* von Simone de Beauvoir, das sie mit in die Schule gebracht habe. Er schwenkt es wie eine Trophäe, bevor er es vor ihr auf den Tisch donnert. »Ja, doch«, gibt Dominique zu, »aber es hat uns nach ein paar Seiten so gelangweilt, daß wir es gar nicht zu Ende gelesen haben.« In dem Buch schildert Simone de Beauvoir den Aufbruch der Intellektuellen nach dem Krieg in Paris. Wie viele ihrer Romane wird er zu ihrem Ärger als Schlüsselroman gelesen, in dem die Hauptfiguren Sartre, seine Geliebten und sie selbst sind. Als Clouzot seinen später preisgekrönten Film dreht, wird er zum Symbol für das freie Leben der so genannten Existentialisten, denen auch seine Hauptfigur Dominique verfallen ist. Sie gehen keiner geregelten Arbeit nach, lungern in den Cafés herum und führen ein ausschweifendes Sexualleben. Kein Wunder, daß so eine wie Dominique zur Mörderin wird.

Clouzot spielt mit diesen Klischees, um die bürgerliche Moral der Heuchelei zu überführen. In Wirklichkeit bringt Dominique ihren Liebhaber aus Liebe um, doch bevor sie dies vor Gericht zugeben muß, begeht sie Selbstmord.

Kurze Zeit später, an ihrem 26. Geburtstag, schneidet sich Brigitte Bardot die Pulsadern auf und schluckt eine Überdosis Tabletten. Diesmal kommt ihre Rettung fast zu spät. Ein Nachbarsjunge findet sie zufällig, und sie wird in letzter Minute in eine Klinik eingeliefert. Für kurze Zeit scheint es, als bedeute diese Erfahrung die Zäsur, die Brigitte Bardot so herbeigesehnt hat, um ihr Leben zu ändern. Sie denkt daran, mit dem Filmemachen aufzuhören. Aber der Selbstmordversuch erweist sich nur als einer der vielen Skandale in ihrem Leben, die die Auflage der Boulevardblätter in die Höhe jagen. Im Jahr darauf macht Louis Malle dies zum Thema seines neuesten Films: »Privatleben« (»Vie privée«) beschreibt den Aufstieg eines Filmstars und die verzweifelten und vergeblichen Versuche, den Verlust der Privatsphäre zu verwinden. Brigitte Bardot spielt sich darin selbst, und wieder schreibt das Drehbuch vor, daß sie sich am Ende in den Tod stürzt. »Manchmal packte mich tiefe Scham, wenn ich ein Ereignis meines Lebens darstellen mußte. Alles, was die Zeitungen an Altbekanntem und Skandalösem bereits irgendwann oberflächlich verbraten hatten, wurde hier wieder aufgewärmt. Nichts zeigte die Hintergründe, das Labile, die tiefe Verzweiflung.« Der Film fällt bei den Kritikern durch. Brigitte Bardot fühlt sich doppelt bloßgestellt, aber sie hat jetzt endgültig ihr Leben der Filmbranche zum Fraß vorgeworfen. Nur noch einmal erregt sie die Aufmerksamkeit eines *Nouvelle Vague*-Regisseurs: 1963 dreht sie mit Jean-Luc Godard »Die Verachtung« (»Le Mépris«). Später ärgert es sie maßlos, sich auf Godard eingelassen zu haben. Die beiden trennen Welten. »Diese Sorte schmieriger Intellektueller, die mit der Linken liebäugeln, bringt mich auf die Palme. (...) Dennoch sagte ich zu, als müßte ich mir selbst etwas beweisen, wohl wissend, daß ich dabei viel zu verlieren und alles zu gewinnen hatte.« In ihren Memoiren schreibt sie, daß sie schon immer eine glühende Verehrerin des konservativen Präsidenten Charles de Gaulle gewesen sei. An anderer Stelle erwähnt sie in euphorischem Ton ihre erste Begegnung mit dem Rechtsradikalen Jean-Marie Le Pen, dem politischen Weggefährten ihres heutigen Mannes Bernard d'Ormale. Mit zunehmender Menschenverachtung wird ihre zunächst noch naiv erscheinende Sicht in offen rassistische und neofaschistische Überzeugung umschlagen. Ihre Vereinnahmung von linksgerichteten Intellektuellen erweist sich als immer größeres Mißverständnis.

Anfang der 60er Jahre schwappt der Befreiungskrieg in der französischen Kolonie Algerien auf das Mutterland über. Der von Brigitte Bardot verehrte Charles de Gaulle hatte 1958 zum Entsetzen der Linken erneut das Ruder übernommen und damit eine neue Ära eingeleitet: Die Algerien-Politik der Fünften Republik, so glauben viele Linksintellektuelle, trage faschistische Züge. Tatsächlich werden selbst in den Straßen von Paris wirkliche oder vermeintliche algerische Freiheitskämpfer verhaftet und manchmal sogar gefoltert und getötet. Simone de Beauvoir fühlt sich wie viele andere an die Zeit der deutschen Besatzung erinnert. Diesmal will sie nicht tatenlos zusehen, doch sie empfindet ihre Machtlosigkeit zunehmend als persönliche Demütigung. Es beschämt sie, Französin zu sein.

1961 spitzt sich die politische Lage in Frankreich zu. Die rechtsextremistische Organisation de l'Armée Secrète (OAS) verübt einen Bombenanschlag auf die Wohnung Sartres, der glücklicherweise gewarnt worden und zu diesem Zeitpunkt bereits woanders untergekommen ist. Auch Brigitte Bardot bekommt einen Drohbrief: Sie soll der Organisation 50 000 Francs zahlen, sonst »greifen Spezialeinheiten der OAS ein«, was nichts anderes als einen Anschlag oder eine Entführung bedeuten kann. Sie entschließt sich zu einem mutigen Schritt, der die Franzosen derart in Erstaunen versetzt, daß sie ihn zunächst für einen Publicity-Trick halten. Der Brief erscheint in der Zeitschrift *L'Express* – mit einer Antwort Bardots, sie werde der OAS keinen Pfennig geben: »Ich jedenfalls wehre den Anfängen, denn ich will nicht in einem Naziland leben. Mit vorzüglicher Hochachtung, Brigitte Bardot.« Erneut gelingt es ihr, die Öffentlichkeit mit einer Kehrtwende zu verblüffen. Politisches Engagement versteht sie als persönliches Eintreten für eine Sache, die sie direkt betrifft. Dann zeigt sie sich plötzlich mutig und frei von Ängsten.

1958 erscheinen in Frankreich die Memoiren Simone de Beauvoirs und machen sie zu ihrem Unbehagen einem breiteren, bürgerlichen Publikum bekannt. Der erste Band, *Memoiren einer Tochter aus gutem Hause* (*Mémoires d'une jeune fille rangée*), wird außerordentlich erfolgreich. »Allzu viele Leserinnen haben in den *Mémoires d'une fille rangée* die Schilderung eines Milieus genossen, das sie wiedererkannten, ohne sich für die Anstrengung zu interessieren, die es mich gekostet hat, ihm zu entrinnen«, schreibt sie 1963. Auch der zweite Teil ihrer Lebensgeschichte, *In den besten Jahren* (*La force de l'âge*), findet ein großes Publikum, das sich von der Aufbruchsstimmung, die sie beschreibt, noch einmal begeistern läßt. Es ärgert sie, daß die Leute sie wie eine arrivierte Schriftstellerin behandeln, die hübsch über ihre Kindheit schreiben kann, aber ihr kritisches Urteil über die jetzige politische Lage nicht ernst nehmen. Bei einem offiziellen Empfang in Brüssel, wo sie vor Studenten einen Vortrag über »Die Intellektuellen und die Macht« hält, bekommt sie zu hören: »Politisch bin ich nicht mit Ihnen einverstanden, aber Ihr Buch hat mir gut gefallen.« – »Hoffentlich wird Ihnen dann mein nächstes mißfallen«, erwidert sie gewohnt charmant.

Den dritten Teil ihrer Memoiren, *Der Lauf der Dinge* (*La force des choses*), beendet sie mit einem bitteren Fazit über die Zeit bis 1963: »Wenn ich wenigstens die Erde bereichert, wenn ich etwas geschaffen hätte (...) was denn? Einen Hügel? Eine Rakete? Aber nein. Nichts wird stattgefunden haben. Ich sehe die Haselstrauchhecke vor mir, durch die der Wind fuhr, und höre die Versprechungen, mit denen ich mein Herz berauschte, als ich diese Goldmine zu meinen Füßen betrachtete, ein ganzes Leben, das vor mir lag. Sie wurden erfüllt. Aber wenn ich jetzt einen ungläubigen Blick auf dieses leichtgläubige Mädchen werfe, entdecke ich voller Bestürzung, wie sehr ich geprellt worden bin.«

Sie ist 55 Jahre alt und glaubt, daß sich bereits die Dunkelheit des Alters und des Todes über sie senkt. Wie Sartre kann sie sich nur schwer damit abfinden, alt zu werden – und sucht die Gesellschaft junger Menschen. Fast jeden Tag bekommt sie Briefe von Studentinnen oder Schülerinnen, die sie um ein Gespräch bitten. Vielen von ihnen gewährt sie mindestens eine halbe Stunde ihrer kostbaren Zeit, denn nur die Jugend scheint Hoffnung zu versprechen. »Die Jungen sind die künftigen Erwachsenen, aber sie interessieren mich. Die Zukunft liegt in ihren Händen, und wenn ich in ihren Plänen die meinen wiedererkenne, kommt es mir so vor, als würde mein Leben über das Grab hinaus fortdauern.«

Bei einer der zahlreichen Demonstrationen gegen die Algerien-Politik der Regierung erwacht in ihr mit einem Mal wieder so etwas wie Begeisterung für das Leben. Seite an Seite mit jungen Menschen, die sie für ihr Engagement und ihr Werk bewundern, spürt sie, wie wohltuend es ist, wieder für eine Sache zu kämpfen. Noch immer ist ihr das Schreiben die beste Medizin gegen die Verzweiflung über einen leeren Himmel und ein Leben, das nicht immer so glücklich verläuft, wie sie es sich in ihrer Jugend so fest vorgenommen hatte. Aber sie wird zunehmend zum bewunderten Vorbild jüngerer Frauen, die ihr oft sehr persönliche Briefe schreiben, in denen sie bekennen, daß sie seit *Das andere Geschlecht* ihr Leben mit anderen Augen sehen. Man nimmt Simone de Beauvoir jetzt nicht mehr nur als Frau an der Seite Sartres wahr. Sie wird unabhängig von ihm eingeladen, Vorträge und Lesungen zu halten. Um sie herum beginnt sich eine Gruppe von Frauen zu scharen, darunter ihre Rechtsanwältin Gisèle Halimi, mit denen sie politisch zu arbeiten beginnt. 1960 lernt sie außerdem die junge Philosophiestudentin Sylvie Le Bon kennen, die ihre engste Vertraute und Freundin wird. Ohne es zu ahnen, bereitet sich Simone de Beauvoir auf die Ereignisse im Mai 1968 vor, die ihrem Leben noch einmal unerwartet eine neue Wendung geben werden.

Jean-Luc Godard schreibt Brigitte Bardot 1963 in »Die Verachtung« die altbekannte Rolle als indifferentes Wesen mit hoher Verführungskraft zu. Der Film schafft es allerdings, ihre Eigenschaft, sich als Schauspielerin nur noch selbst zu zitieren, derartig zuzuspitzen, daß ihr – gegen ihren Willen – geradezu ein Denkmal gesetzt wird. Es ist ihr letzter ambitionierter Film. Zwar spielt sie 1965 an der Seite von Jeanne Moreau noch einmal unter der Regie von Louis Malle in »Viva Maria!«, doch die leichtfüßige Komödie ist der letzte Film, der im Bewußtsein eines breiteren Publikums in Erinnerung geblieben ist. Von nun an überbieten sich ihre Rollen an Bedeutungslosigkeit.

Ihr ohnehin wenig ausgeprägter Ehrgeiz bei der Stoffauswahl tendiert inzwischen gegen Null. Dafür ist sie nach ihrer Scheidung von Jacques Charrier, dessen Familie sich um den Sohn Nicholas kümmert, nunmehr ein ausgewiesenes Mitglied des internationalen Jet-set: Nach einer schier endlosen Reihe von Affären mit ihren jeweiligen Filmpartnern, mit brasilianischen Lebemännern oder südfranzösischen Barkeepern schafft sie es 1965, ihrem Ruf als männermordende Bestie noch die Krone aufzusetzen. Sie heiratet Gunter Sachs, von Beruf Industriellensohn und berühmt für seine stets makellos weißen Anzüge. Wie gewohnt gelingt es ihr mit schlafwandlerischer Sicherheit, ihre Landsleute in Rage zu versetzen: »Ich, die französischste aller Französinnen, hatte es gewagt, einen Deutschen zu heiraten. Welche Schande!« Immerhin war es diesem Mann gelungen, sie in Erstaunen zu versetzen, als er von einem Hubschrauber rote Rosen auf ihren Privatstrand von La Madrague regnen ließ. Die beiden heiraten standesgemäß in Las Vegas, am Finger trägt sie einen Ring aus Saphiren, Diamanten und Rubinen in den Farben der Trikolore. Schon bald merkt sie, daß dies die größte Kitschinszenierung ist, in der sie je mitgespielt hat. Aber immerhin hat sie es mit Medienprofis zu tun. »Ich kam aus dem Staunen nicht mehr heraus, als ich sah, wie rigoros diese deutsche Organisation funktionierte, die nichts dem Zufall überließ.« Gunter Sachs liebt die Presse und sie ihn. Zum ersten Mal erlebt sie einen Mann, der derart souverän ihre ärgsten Feinde in Schach hält. Eine organisierte Flotte von befreundeten Fotografen und Kameramännern hält jeden seiner Schritte fest, und natürlich dokumentieren sie auch die Hochzeitsreise auf eine tahitianische Insel.

Die Heirat mit Sachs freut die Verleger und verärgert die Kirchenmänner. Der Dominikaner-Pater Marie-Dominique Boyer veröffentlicht in einem katholischen Wochenblatt einen offenen Brief: »Du mögest, liebe Brigitte, an Ihn glauben oder nicht, aber Gott möge Dir das Leid vergeben, das Du uns antust. (...) Du schwörst in acht Minuten Treue fürs Leben. Wirst Du wieder heiraten, wenn morgen einer auftaucht, den Du heute noch nicht kennst?«

In den beschwörenden Worten des Paters schwingt bereits Resignation mit. Längst ist Brigitte Bardot nicht mehr die einzige, die Sex auf der Leinwand und Ausschweifung im privaten Leben verkörpert. Die 60er Jahre kennen Wilderes als sie. Ihre Partys am Strand von

Saint-Tropez sind zwar immer noch für Schlagzeilen gut, aber ihre Filme interessieren nur noch wenige. »Es gibt kein Geheimnis mehr um die Bardot«, beklagt sich 1967 Raoul Lévy, der Produzent vieler ihrer Erfolgsfilme: »Die Öffentlichkeit weiß zuviel Intimes aus ihrem Leben. Die Bardot kurbelt den Verkauf von Zeitungen und Zeitschriften an, aber nicht den von Kinokarten.« Der Western »Shalako«, in dem sie an der Seite von Sean Connery spielt, soll alles ändern. »007 + B.B. = TNT« lautet die bekannteste Schlagzeile, die bereits ohne Worte auskommt. Brigitte Bardot ist 1967 ein ange-staubter Name, den man etwas mühevoll vermarkten muß. Es nützt nichts. »Shalako« erweist sich an den Kinokassen als Fiasko. Viel mehr Aufsehen erregt die gerichtliche Verfügung von Gunter Sachs, das Lied »Je t'aime«, das Brigitte Bardot zusammen mit Serge Gains-bourg aufgenommen hat, wieder vom Markt zu nehmen. Die Ehe mit Sachs befindet sich bereits nach einem Jahr in der Krise. Grund dafür ist Bardot zufolge, daß ihr Mann sie wieder zur Mutter ma-chen will. »Eher wäre ich ins Kloster gegangen und hätte ein ewiges Keuschheitsgelübde abgelegt, als daß ich noch mal durch die Hölle gegangen wäre, die ich bei der Geburt von Nicholas kennengelernt hatte.« Sie sieht ihren Sohn nur selten. Jeder Besuch ist eine Kata-strophe, denn der Junge ängstigt sich vor ihr und fängt bei ihrem Anblick an zu schreien. »Das Kind war mir ebenso fremd wie ich ihm. Seine kleine Welt stieß mich zurück, schloß mich aus. Ich be-griff es und mußte mich mit Tränen in den Augen dieser grausamen Tatsache fügen.«

Sie stürzt sich in die nächste Affäre. Der kleine, unansehnliche und stets in eine Rauchwolke gehüllte Serge Gainsbourg wird ihr Geliebter. Zusammen singen sie in einer Fernsehshow den Song »Bonnie and Clyde«, und kurze Zeit später zieht Gainsbourg in ihre Wohnung in die Avenue Paul-Doumer. Als sie für die Dreharbeiten von »Shalako« ins spanische Almería aufbrechen muß, zerbricht auch diese große Liebe an nur wenigen Wochen Trennung. »An Serge habe ich nur schöne Erinnerungen«, schreibt Brigitte Bardot: »Wir lebten keinen Alltag, keine Gewohnheiten, keine Szenen, die im Laufe der Zeit auch die größte Leidenschaft erkalten lassen.«

Während sie die verhaßten Dreharbeiten über sich ergehen läßt, komponiert Serge Gainsbourg das Lied »Initiales B.B.« und schreibt ihr traurige Briefe. Er nimmt »Je t'aime, moi non plus« noch ein zweites Mal auf, diesmal mit seiner neuen Geliebten Jane Birkin. Es wird ein Riesenerfolg.

Brigitte Bardot hat es sich mittlerweile angewöhnt, an jedem Drehort zugelaufene Hunde, Esel oder Enten mit in ihr Hotelzimmer zu nehmen. Meist sind es erbärmlich ausgehungerte Wesen, die sie hingebungsvoll versorgt und manchmal mit zurück nach Paris nimmt. Bei den Dreharbeiten zu »Shalako« versucht sie, eine Hündin, die sie »Hippie« tauft, wieder aufzupäppeln. Aber das Tier ist zu krank und ausgehungert, um es retten zu können. Als »Hippie« stirbt, bricht Brigitte Bardot zusammen und kann nicht mehr aufhören zu weinen. Die Dreharbeiten müssen vorzeitig beendet werden.

Sie fliegt im Frühjahr 1968 zurück nach Paris und dann mit Gunter Sachs zu einem letzten Versöhnungsversuch nach Rom. Dort hört sie im Mai 1968 voller Schrecken die Meldungen aus Paris: »Mit großer Beklemmung verfolgten wir (...) aus der Ferne die Entwicklung hin zum drohenden Bürgerkrieg. Alarmierende Nachrichten erhielten wir von Freunden, die uns nachgereist waren, um vorübergehend diesem Frankreich mit seinen Verheerungen zu entfliehen. (...) Wir verfolgten am Fernseher alles, was de Gaulle sagte und tat. Wie er dieser Situation standhielt, mehrte nur noch die Bewunderung, die wir alle für ihn hegten. (...) Während Daniel Cohn-Bendit, der Rote Dany, zu Gewalt, zu Sittenlosigkeit und Zerstörung aufrief, hatte sich die Pariser Universität, insbesondere die Sorbonne, in ein riesiges Bordell verwandelt. Man feierte auf der Straße Orgien; Autos brannten; Pflastersteine wurden in den Avenuen ausgegraben und als Wurfgeschosse verwendet; Schaufenster wurden zerschlagen, die Geschäfte geplündert. Die verschreckte Bevölkerung ging in Deckung hinter geschlossenen Fensterläden und verbarrikadierten Türen. Was für ein trauriges und beschämendes Kapitel der französischen Geschichte!«

Brigitte Bardot ist 33 Jahre alt, als die Studenten ein neues Kapitel der Nachkriegszeit aufschlagen. Keine Minute lang bringt sie sich und ihre Karriere mit dieser Bewegung, die die verkrusteten Strukturen einer konservativen Gesellschaft in Frage stellt, in Verbindung. Sie ist und bleibt die *petite bourgeoise*, die Freiheit nur individuell beansprucht. Wenn sie ihr nicht gewährt wird, betrachtet sie dies als persönlichen Angriff, niemals käme ihr der Gedanke, es könnte mehr sein als dies. Sie übersieht dabei, daß ihre Popularität in den 50er und 60er Jahren einer der Vorboten für die Sehnsucht nach freieren, selbstbestimmteren Lebensformen war. Da sie sich von Ruhm und Rummel eingekerkert fühlt, versteht sie nicht, welche Projektionsfläche sie den Menschen bietet. General de Gaulle, der als patriarchalisches Staatsoberhaupt die alte Ordnung personifiziert, verehrt sie wie viele Französinnen und Franzosen als einen gütigen Vater, der die Dinge schon richten wird. In diesem Mai 1968 bekommt er allerdings für kurze Zeit die »Ereignisse nicht mehr in den Griff«, wie er später zugeben wird. Als die Studenten sich am 14. Mai mit den unzufriedenen Arbeitern verbünden, entwickelt sich aus dem anfänglichen Widerstand gegen das Verbot von Herrenbesuchen im Studentinnen-Wohnheim eine nationale Protestbewegung, bei der am 20. Mai rund 10 Millionen Menschen auf die Straße gehen. De Gaulle verkündet am 30. Mai im Rundfunk die Auflösung der Nationalversammlung. Bei den Wahlen einen Monat später gewinnt seine Partei die absolute Mehrheit. Scheinbar ist die Ruhe im Land wieder hergestellt. In Wirklichkeit ist alles anders als zuvor.

5. Die Revolution entläßt ihre Töchter – Gestürzte Ikonen

»Ich bin nicht die Frau, die diese Filme
gemacht hat. Sie ist eine andere. Ich
habe nichts mit ihr oder mit dieser
ganzen Phase ihres Lebens zu tun.«

Brigitte Bardot

»In Frankreich zu schreiben und eine
Frau zu sein, heißt Ruten für den eigenen Rücken anfertigen.«

Simone de Beauvoir

Als die Jugend in Europa revoltiert und sich die Studenten der Sorbonne im Mai 1968 mit der Polizei auf den Straßen Schlachten liefern, ist Simone de Beauvoir entzückt und skeptisch zugleich. Die Vereinnahmung des inzwischen 63jährigen Jean-Paul Sartre durch die Studentenbewegung beobachtet sie mit Mißtrauen. 20 Jahre politischen Kampfes haben sie gelehrt, daß die Freunde im linken Lager nicht selten zu erbitterten Feinden werden können, sobald sie Verrat wittern. Und das kann rasend schnell geschehen. Sie ist es gewöhnt, daß Sartre sich mit schlafwandlerischer Sicherheit – die einer Mischung aus politischer Naivität und geistiger Unabhängigkeit geschuldet ist – stets zwischen alle linken Fronten manövriert. Und sie selbst? Eigentlich haben ihr das Engagement gegen den Algerienkrieg, die Teilnahme am Russell-Tribunal, das den Vietnamkrieg an den Pranger stellte, und die zahllosen Manifeste und Aufrufe, die sie unterschrieben hat, nur selten ein Gefühl der Befriedigung verschafft. Meist überwiegen Ohnmacht, Hilflosigkeit und die Erkenntnis, daß politisches Engagement ermüdend und wenig erfolgversprechend ist. Auf der anderen Seite vermag es sie noch stets zu begeistern, wie die jungen Leute ihren Protest gegen die verknöcherte Gesellschaft auf die Straße tragen und das Gesetz des Handelns einfach in die eigenen Hände nehmen. »Nie, weder in meiner eigenen Jugend, als ich selbst studierte, noch zu Beginn des Jahres 1968, hätte ich mir ein solches Fest vorstellen können. (...) Bands spielten Jazz und Tanzmusik. Junge Leute, alte Menschen, alle verbrüderten sich«, schreibt sie im vierten Teil ihrer Memoiren *Alles in allem* (*Tout compte fait*).

Ende der 6oer und Anfang der 7oer Jahre werden Madame
Beauvoir und Monsieur Sartre zwar gerne von der
revoltierenden Jugend vor ihren Karren gespannt, doch
eher als Ehrenbotschafter vergangener Zeiten. Jetzt sind
Strukturalismus und Dekonstruktivismus die neuen
Helden.

Beauvoir und Sartre sind Fossilien einer vergangenen Epoche.
Nicht selten werden sie belächelt und mit eher voyeuristischem
denn respektvollem Blick beobachtet, wenn sie untergehakt wie ein
altes Ehepaar langsam durch die Straßen von Paris gehen oder – was
immer seltener vorkommt – in den einschlägigen Cafés sitzen. Die
aufregenden Theorien und aufsehenerregenden Denkansätze stam-
men jetzt von anderen Philosophen und Schriftstellern: Jacques
Lacan, Jacques Derrida und Roland Barthes haben Sartre zu einem
etwas angestaubten Denker deklassiert, sein Existentialismus ist
längst vom Strukturalismus und Dekonstruktivismus abgelöst worden.

Aber für den politischen Kampf wird Sartre nach wie vor gerne
vor den Karren gespannt. Die Studentenunruhen katapultieren das

alte Schriftstellerpaar noch einmal in die erste Reihe. Die Bewegung giert nach Helden. Sartre, so scheint ihnen, könnte so etwas wie ein französischer Ché Guevara sein, der den Kapitalismus mit der Waffe des Wortes bekämpft. Simone de Beauvoir begleitet ihn stets, wenn er Reden vor den versammelten Studenten hält oder an Demonstrationen teilnimmt. Sie ist besorgt. Sartres Gesundheit ist durch seine angeborene Sehschwäche, seinen exzessiven Alkohol- und Tablettenkonsum und seinen schonungslosem Arbeitsstil ruiniert. Von Zeit zu Zeit bekommt er einen Schwächeanfall, kann sich nicht mehr konzentrieren und ist verwirrt. Doch noch immer fühlen sich junge Frauen von ihm angezogen. Beauvoir hat sich längst daran gewöhnt und ist froh, daß Arlette, Michelle, Wanda und die anderen sich um ihn kümmern, wenn er Hilfe braucht.

Sie selbst verbringt viel Zeit mit ihrer 33 Jahre jüngeren Freundin Sylvie Le Bon, mit der sie ins Kino geht, Ausflüge macht und Musik hört. Sylvie gibt ihr »das Gefühl einer Reinkarnation«, wie sie schreibt, denn die junge Frau hat nicht nur den gleichen familiären Hintergrund und dieselbe Ausbildung als Philosophielehrerin wie sie, sondern ist eine Intellektuelle, die »genau wie ich leidenschaftlich am Leben« hängt. »Es besteht zwischen uns ein so natürlicher Austausch, daß ich mein Alter vergesse: sie zieht mich in ihre Zukunft hinein, und für Augenblicke erhält die Gegenwart jene Dimension wieder, die sie verloren hatte.« Es ist Liebe, die die beiden Frauen miteinander verbindet, auch wenn sich Simone de Beauvoir zeitlebens weigert zuzugeben, daß sie lesbischer Natur ist. Ihre sexuellen Beziehungen zu Frauen werden erst nach ihrem Tode bekannt werden, als Sylvie Le Bon beginnt, ihre Briefe an Sartre und Nelson Algren zu veröffentlichen. Simone de Beauvoir, die ihr ganzes Leben so wahrhaftig wie möglich beschreiben wollte und die Auslassung in ihren Memoiren als die größte Lüge bezeichnet, kann von ihren lesbischen Beziehungen, die stets ein fester Bestandteil ihres Liebeslebens waren, nicht öffentlich sprechen. Sie hat so offensiv wie keine Schriftstellerin vor ihr das Thema Sexualität und Liebe aufgegriffen, doch ihre eigene Leidenschaft für Frauen blieb dabei ausgespart. Ihre Scheu ist begreiflich. Sie hatte 1949 erfahren, zu welchem Haß ihre Landsleute fähig sind, ein Haß, vor dem sie selbst ihre privilegierte Stellung als intellektuelle Frau an der Seite Sartres nicht zu schützen vermochte. In einem Interview mit Alice

Schwarzer 1978 antwortet sie auf die Frage: »Gibt es Dinge, die Sie in den Memoiren nicht geschrieben haben und die Sie, hätten Sie sie noch einmal zu schreiben, jetzt sagen würden?« »Ja. Ich hätte gern eine wirklich ehrliche Bilanz meiner eigenen Sexualität gezogen. Und zwar vom feministischen Standpunkt aus. Ich würde Frauen gern sagen, wie ich meine Sexualität gelebt habe, denn das ist nicht nur eine persönliche Frage, sondern auch eine politische. Früher habe ich darüber nicht geschrieben, weil ich die Wichtigkeit dieser Frage und vor allem auch der subjektiven Ehrlichkeit nicht in dem Ausmaß begriffen habe – das habe ich von den jungen Feministinnen gelernt. Und ich werde voraussichtlich auch heute nicht mehr darüber schreiben, weil von dieser Art Geständnis nicht nur ich, sondern auch einige Personen, die mir sehr nahestehen, betroffen wären.«

Ende 1970 sind zwar viele der Kämpfer vom Mai 1968 über die erneut restaurierten Verhältnisse im Land verbittert, doch selbst de Gaulle hat begriffen, daß die Unzufriedenheit nicht länger Ausdruck einer Minderheit ist. Alle politischen Kräfte geben sich plötzlich gegenüber lange zurückgehaltenen Reformbewegungen aufgeschlossen. Auch die Anliegen der Frauen scheinen zum ersten Mal nach dem Krieg ernst genommen zu werden. Die 62jährige Simone de Beauvoir bekommt Besuch von einigen Studentinnen und jungen Frauen aus der sich neu formierenden Frauenbewegung, die sie um Unterstützung bitten.

Ihr Kampfgeist erwacht trotz aller zurückliegenden Enttäuschungen aufs neue, denn diesmal handelt es sich nicht um ein Engagement für andere, sondern für eine Sache, die sie als Frau selbst betrifft. »Sie wollten mit mir über den neuen Gesetzentwurf zur Frage der Abtreibung sprechen, der in Kürze der Nationalversammlung vorgelegt werden sollte. Sie hielten ihn für viel zu zahm und wollten gern eine Kampagne zugunsten der Abtreibungsfreiheit einleiten. Um die Öffentlichkeit zu beeindrucken, schlugen sie vor, Frauen, bekannte und unbekannte, sollten erklären, daß sie persönlich abgetrieben hätten.« Im April 1971 veröffentlicht die linksliberale Wochenzeitung *Nouvel Observateur* das berühmte »Manifest der 343« mit der Unterschrift Simone de Beauvoirs. Ihre Biographin Deirdre Bair berichtet, de Beauvoir sei zwar nie selbst ungewollt schwanger gewesen, habe aber ihre Wohnung einige Male für Abtreibungen zur Verfügung gestellt oder bedrängten Frauen dafür Geld gegeben. Sie fühlt sich mit den jungen Frauen solidarisch, die es satt haben, sich die pathosgeschwängerten Reden ihrer männlichen Kommilitonen anzuhören. Die Emanzipation der Frau verweisen die linken Männer gerne in das paradiesische Zeitalter nach der weltweiten sozialistischen Revolution. Bis dahin dürfen die Studentinnen im Sinne der großen Sache Kaffee kochen und Zigaretten holen.

Das Problem existiert nicht nur in Frankreich. Auch an deutschen Universitäten planen drei Jahre nach den ersten Unruhen die Studenten – ausschließlich Männer – den Fortgang der Welt nach der Revolution. Frauen sind gut fürs Tippen und Verteilen der Flugblätter. Es regt sich Widerstand. An den Hochschulen bilden sich Weiberräte, und in Frankfurt lautet die Parole: »Befreit die sozialistischen Eminenzen von ihren bürgerlichen Schwänzen!« Alice Schwarzer, die als Korrespondentin in Paris lebt und arbeitet, greift die Idee des »Manifests der 343« auf und sucht in Deutschland nach Frauen, die es wagen, sich ebenfalls öffentlich zur Abtreibung zu bekennen. Noch immer gilt in Deutschland Paragraph 218 des Strafgesetzbuches aus dem Jahr 1871, der Abtreibung mit bis zu zehn Jahren Gefängnis bestraft. Am 6. Juni 1971 druckt der *Stern* die Namen und Porträts von 374 Frauen unter dem Titel »Ich habe abgetrieben« ab. Sie treten damit in der Bundesrepublik die erste offene Auseinandersetzung um das Thema los und gehen dabei ein erhebliches persönliches Risiko ein. »Alle Frauen hatten Angst«, schreibt Alice Schwarzer zehn Jahre später in dem Buch *So fing es an.* »Angst vor juristischen Konsequenzen (Werden sie mich / uns ins Gefängnis stecken?); Angst vor sozialen Konsequenzen (Verliere ich meine Stelle?); Angst vor Psychodramen (Kriegt meine Mutter eine Herzattacke? Was sagt mein Freund / Mann dazu? Sprechen meine Nachbarn noch mit mir?). Entgegen der späteren Propaganda waren die meisten der 374 Frauen alles andere als privilegiert oder gar prominent. Unter den ersten 374 Frauen, die sich öffentlich selbst der Abtreibung bezichtigten und dieses Recht für alle Frauen forderten, waren ganze neun Schauspielerinnen. (Und auch sie riskierten ihre Karriere, ihren Ruf!) Die restlichen 365 waren Sekretärinnen, Hausfrauen (sehr viele Hausfrauen!), Studentinnen, Arbeiterinnen, Angestellte. Die Älteste unter ihnen 77 (die Hamburger Hausfrau

Adele Heldmann), die Jüngste 21 (die Berliner Friseuse Marita Spittmann).«

Erst fünf Jahre später wird der Paragraph 218 nach langen und harten Auseinandersetzungen geändert. Am 21. Juni 1976 tritt ein Gesetz in Kraft, das die Abtreibung in den ersten drei Schwangerschaftsmonaten straffrei stellt, allerdings nur, wenn medizinische oder soziale Gründe gegen das Austragen des Kindes sprechen. Im Jahr zuvor hat auch in Frankreich die Nationalversammlung eine Fristenregelung beschlossen. Auch wenn die Frauenrechtlerinnen damit in beiden Ländern keinesfalls ihr Ziel erreichen – »nicht nur ein Stück des Kuchens wollen, sondern das ganze Rezept verändern«, wie die französische Feministin Florence Montreynaud sagte –, so verändert die Liberalisierung der Abtreibungsgesetze doch die Lebenswirklichkeit von Millionen Frauen. Mit einem Mal ist die Entscheidung, ein Kind zu haben, nicht mehr nur eine Schicksals- oder Geldfrage. Auch Brigitte Bardot, die nicht viel von der 68er-Bewegung hält, aber weiß, was es heißt, ungewollt schwanger zu sein, unterstützt die Kampagnen für die Legalisierung der Abtreibung. Allerdings gibt sie nur Geld, nicht aber ihren Namen dafür her. Anders als die Schauspielerin Cathérine Deneuve und viele andere Kolleginnen scheut sie sich, öffentlich zuzugeben, daß auch sie mehrere Male bei Engelmacherinnen in dunklen Hinterzimmern Zuflucht gesucht hat, um eine ungewollte Schwangerschaft zu beenden.

Alice Schwarzer lernt Simone de Beauvoir im Mai 1970 eher zufällig kennen, da sie eigentlich zu einem Interview mit Sartre zum Thema »Revolutionäre Gewalt« verabredet war: »Da saß ich nun in seiner Ein-Zimmer-Wohnung am Boulevard Raspail. Interviewzeit dreißig Minuten. Kurz vor Ende des Gesprächs dreht jemand den Schlüssel im Schloß und betritt die Wohnung: Simone de Beauvoir. Sie wirft einen kurzen, irritierten Blick auf mich (und meinen Minirock), erinnert Sartre knapp, fast schroff daran, daß sie beide gleich eine Pressekonferenz hätten. (...) Nach dem Interview fahren wir zu dritt in dem engen Aufzug in Sartres Haus nach unten. Meine zaghaften Konversationsversuche läßt sie barsch abprallen. Macht nichts. Für mich war es dennoch eine wirklich bewegende Begegnung: eine Begegnung mit der Autorin des Buches ›Das andere Geschlecht‹, dieses ›Leuchtfeuers, das Simone de Beauvoir für die

Frauen des Jahrhunderts als Orientierung angezündet hat‹, wie einmal eine Journalistin schrieb – und das ist keineswegs zuviel gesagt.«

Die 62jährige Simone de Beauvoir übernimmt die Rolle der Grande Dame der Frauenbewegung – als brillante Theoretikerin, die vorgelebt hat, wie frau ein selbstbestimmtes Leben führen kann. Aber es bleibt bei einer gewissen Distanz zwischen den jungen, engagierten Frauen, die sie verehren und der alten Dame, die korrekt wie eine Lehrerin gekleidet und mit sorgfältig rot lackierten Fingernägeln an den Veranstaltungen und Diskussionen teilnimmt. Nie legt sie inmitten der in bunte Gewänder gehüllten, eifrig debattierenden Frauen ihre Strenge ab. Ihr Terminkalender aber füllt sich mit den verschiedensten Veranstaltungen, Demonstrationen und Kundgebungen der Frauenbewegung, und die respektvolle Verehrung, die ihr dort entgegenschlägt, verleiht ihr neue Energie. Ihr Optimismus, mit dem sie 1949 in *Das andere Geschlecht* die Zukunft der Frauen betrachtet hatte, ist der Einsicht gewichen, daß nichts, was von den Männern ausgeht, den Frauen zu mehr Rechten verhelfen werde. Frau muß ihr Geschick selbst in die Hand nehmen. »Was die Theorie betrifft, sind meine Standpunkte unverändert geblieben«, schreibt sie. »In praktischen und taktischen Fragen aber hat sich meine Haltung gewandelt.«

Im Juli 1971 gründet sie mit der Rechtsanwältin Gisèle Halimi die Frauenvereinigung »Choisir«, die gegen die repressive Gesetzgebung zum Schwangerschaftsabbruch kämpft und 1978 sogar an den Parlamentswahlen teilnimmt. Simone de Beauvoir widmet dem Kampf der Frauen von nun an einen Großteil ihrer Zeit. Die nächsten 16 Jahre bis zu ihrem Tod wird sie ihm verbunden bleiben. Zum ersten Mal engagiert sie sich unabhängig von Sartre für eine politische Bewegung. Sie verliert ihre Angst, öffentlich vor einem größeren Publikum zu sprechen, gibt Interviews, schreibt Artikel und gewinnt viele neue Freundinnen. Zugleich entbrennt um sie herum ein Kampf, in dem sie als Person immer im Mittelpunkt steht, und der bis heute nicht entschieden ist. Im wesentlichen bilden sich bereits damals zwei sich bald unversöhnlich gegenüberstehende Fraktionen, auch wenn sich die Frauen zunächst hinter Simone de Beauvoir scharen und ihrem antibiologistischen Ansatz zuzustimmen scheinen: daß das Weibliche und der Mythos, der die Frauen umgibt, gänzlich Erfindungen der Männer sind. Mann und Frau sind

Das »Projekt Selbstverwirklichung« auf dem Prüfstand:
Simone de Beauvoirs egalitäre Lehre fand vor allem in den
8oern erbitterte Gegnerinnen – und nicht selten stand dabei
ihr eigener Lebenslauf zur Disposition.

gleich. Die biologischen Unterschiede zwischen ihnen rechtfertigen
ihrer Ansicht nach keineswegs die ungerecht verteilten Rollen, die
sie in der Gesellschaft spielen.

Ihre Gegnerinnen, die vor allem in den 8oer Jahren unter dem
Etikett »Differenzfeministinnen« den Diskurs beherrschen werden,
sind allen voran Antoinette Fouque, Hélène Cixous und Luce Irigaray. Sie berufen sich in unterschiedlicher Weise auf die Weiblichkeit,
die von den Männern und den von ihnen geschaffenen Werten und
Maßstäben seit Jahrtausenden unterdrückt und daher in einem müh-
samen Prozeß von den Frauen wiederentdeckt und in die Waagschale
geworfen werden muß. Cixous versucht beispielsweise, den Gesetzen einer originär weiblichen Art des Schreibens nachzuspüren, die
sie »écriture féminine« nennt und die den Körper der Frau in den

Mittelpunkt stellt. Die Neofeministinnen werfen de Beauvoir vor, sie folge dem männlichen Denken, wenn sie beispielsweise die Mutterschaft als Hindernis für die Gleichberechtigung abqualifiziere, statt sie als eine wichtige Erfahrung zu bewerten, die frau den Männern voraushabe. Alice Schwarzer, die bis heute Simone de Beauvoirs egalitäre Lehre verteidigt, sieht darin den Mythos vom Mutterinstinkt wieder erwachen, der den Männern schon immer als Argument galt, die Frauen an den Herd und in die Kinderzimmer zu schicken und ihren Anspruch auf Beruf und Karriere als unnatürlich abzuqualifizieren.

Der Streit um den richtigen Weg findet bis heute nicht nur auf der sachlichen Ebene statt. Wenn es um die Person Simone de Beauvoirs geht, stehen Lebensläufe zur Disposition. Die Identifikation mit ihr war für Millionen Frauen Ausgangspunkt ihrer Befreiung vom herkömmlichen Rollenmodell. Es gibt bis heute für Frauen wenige Vorbilder und noch weniger Heldinnen, die wie Simone de Beauvoir Orientierung und Halt bieten können, wenn mitten im Schlachtgetümmel plötzlich die Fragen auftauchen: Wohin? Wofür? Warum?

Ihr Leben, das frei wie kein anderes zu sein schien, taucht in allen Varianten auf, um das Gelingen des »Projekts Selbstverwirklichung« zu belegen. Kein männlicher Schriftsteller oder Philosoph muß es sich gefallen lassen, daß seine Geschichten oder Thesen plötzlich als Maßstab für sein Leben gelten und die Glaubwürdigkeit seiner Arbeit davon abhängt, ob seine Lebensführung der Sache gemäß vorbildhaft ist. Simone de Beauvoir wußte immer, daß sie ungesichertes Terrain betritt, wenn sie Leben und Arbeit derart miteinander verknüpfte. Sie hat daher immer versucht, Schutzzonen einzurichten. Vergebens. Die Romanistin Ingrid Galster findet in der manchmal erbitterten Kontroverse um Simone de Beauvoir Elemente eines »Muttermords«, der auf die »Heiligenverehrung« in den 70er Jahren gefolgt ist. Viele der heute 50- bis 60jährigen haben »vielfach über die Lektüre des *Deuxième Sexe* – häufig auch der Autobiographie – ihre Identität gewonnen«, schreibt sie. »Diese persönliche Beteiligung ist nicht immer die beste Voraussetzung für seriöse Forschung, steht bei der Untersuchung und Wertung der Texte doch zugleich die eigene Person auf dem Spiel, was zu zähem Festhalten an den erworbenen Überzeugungen oder aber zum Muttermord verleitet.«

Auch Brigitte Bardot – wenn auch keinesfalls programmatisch – hat auf ihre Art zu Beginn der 60er Jahre die Frauen geprägt, die Mitte der 70er auf die Straße gehen. Eine von ihnen, Tersa Waal, schreibt 1984 in der *taz* über ihr Teenageridol: »Der Anständigkeit meiner Mutter lachte sie ins Gesicht. Die Dramen ihres Lebens erschienen von ihr gemacht und gewollt. Sie hatte etwas Mutwilliges. Absichtlich tauchte sie auf, wo sie gesehen wurde. Absichtlich, so schien es, lenkte sie die Blicke, die Kameras der Fotografen auf sich, machte ihre Bemerkungen über Männer, Frauen, Kleider und die Liebe. Für mich war das Bild der B.B. Anlaß für einiges. Als ich Rockmusik hörte, von meinen Brüdern angesteckt, als ich mich für Politik interessierte, mich dabei mit meinen Brüdern maß, als ich auf der Suche nach Mustern dafür war. B.B. stand für etwas, womit Frauen auch spielen konnten: schwarz getuschte Augen und Haare im Gesicht, schmollende Gleichgültigkeit und blaßrosa Lippen, enge Jeans, lasziver Gang, aufgeknöpfte Blusen und aggressive Sinnlichkeit, Macht und keine Sentimentalitäten: ›hochnäsige Schamlosigkeit.‹«

Wenn Simone de Beauvoir vorgemacht hat, wie frau ein Stück des Kuchens bekommen kann, hat Brigitte Bardot zwar nicht das ganze Rezept verändert, dafür aber einige neue Zutaten hinzugefügt. Sie verkörperte etwas, »was sich der männlichen Inszenierung entzog, ob als Dickkopf oder rigoros Liebende«, wie Tersa Waal schreibt. Daß sie gleichzeitig immer eine Männerphantasie darstellt, gehört zu ihrer Tragödie. 1973 ist die Königin der Jugend und Schönheit 39 Jahre alt. Der Rolle des Nymphchens ist sie entwachsen, und ihre Sorglosigkeit bei der Auswahl ihrer Filme gibt immer mehr Anlaß zur Häme. Es dauert nicht lange, und das unvermeidliche Gerücht kommt auf, sie habe sich ihre Falten von einem Schönheitschirurgen glätten lassen. Brigitte Bardot schäumt vor Wut, denn sie würde sich niemals liften lassen, und die Lüge ärgert sie maßlos. Sie ruft ihren Anwalt an und setzt eine einstweilige Verfügung gegen den Sender RTL durch. Doch die Medien kommen auch weiterhin auf ihre Kosten. Bei einem Gerichtstermin entscheidet der Richter, Brigitte Bardot müsse sich gerichtsmedizinisch untersuchen lassen – in Anwesenheit ihres Anwalts und des RTL-Journalisten Edgar Schneider: »Ich mußte mich vollkommen abschminken. Dann wurden mir die Oberlider umgedreht, meine Ohren von vorne und hinten untersucht, meine Kopfhaut nach eventuellen Narben abgesucht, meine

Haare zerwühlt, bis sie struppig und verfilzt wie ein Staubwedel aussahen. Doch unter meinen umgedrehten Lidern quollen aus geröteten Augen Tränen, die ich nicht mehr zurückhalten konnte, weil mir das Herz blutete. Ein Greuel! Ein Alptraum! Ich wurde wie ein Stück Vieh auf dem Viehmarkt behandelt und zutiefst gedemütigt (...)« Nach der kruden Szene, die ihr einmal mehr den öffentlichen Zugriff auf ihren Körper demonstriert hat, denkt sie ernsthaft darüber nach, mit dem Filmemachen Schluß zu machen. Aber ihr alter Freund und erster Ehemann, Roger Vadim, will sie als Hauptdarstellerin in seinem Film »Don Juan 73 – Wenn Don Juan eine Frau wäre« (»Don Juan 73 ou si Don Juan était une femme«). Der Film wird für alle Beteiligten eine peinliche Angelegenheit: für Vadim, der damit sein Image als Möchtegern-Erotomane des Films endgültig etabliert, für Brigitte Bardot, die sich nackt mit der viel jüngeren Jane Birkin, ihrer Nachfolgerin bei Serge Gainsbourg, in einem Bett räkeln muß, und für das Publikum, das zum Komplizen Vadims wird, der die Haut seiner Sexgöttin noch einmal zu Markte trägt.

Nach dem Flop von »Don Juan« läßt Brigitte Bardot sich von ihrer Agentin noch zu einem weiteren Film überreden, der in vielerlei Hinsicht eine Ausnahme ist. Zum ersten Mal in ihrer Karriere spielt sie unter der Regie einer Frau, Nina Companez, und »L'histoire trés bonne et trés joyeuse de Colinot Trousse-Chemise«, der in Deutschland nie gezeigt wird, wird Brigitte Bardots letzter Film. Während der Dreharbeiten in einem mittelalterlichen Schloß in Südwestfrankreich kümmert sie sich wie üblich mehr um die Tiere, die ihr am Drehort zulaufen, als um ihren Text. Diesmal ist es eine junge Ziege namens Colinette, die sie vor der Schlachtbank rettet und mit aufs Hotelzimmer nimmt, um sie mit einem Fläschchen aufzupäppeln. Eines Abends sitzt sie mit ihrem Hund Pichnou und mit Colinette im Zimmer und füttert die Tiere. »>Colinettes< Fläschchen beschäftigten mich tagsüber weit mehr als mein Text und meine Rolle, die mich ebensowenig interessierten wie meine ersten Babysöckchen. Das war der Moment, in dem ich beschloß, dieses Metier endgültig an den Nagel zu hängen. Ich betrachtete mich im Spiegel mit diesem mittelalterlichen Aufputz, diesem Firlefanz, und Pichnou und Colinette, die bellend und meckernd um mich herumhopsten! Plötzlich hing mir alles zum Hals heraus: dieser falsche Schein, diese Zwänge, die mich abkoppelten von den eigentlichen Werten des Lebens. Das alles erschien mir reichlich albern, überflüssig, lächerlich und sinnlos. Ich besaß nur ein Leben, und dieses mußte mit diesem Bild deckungsgleich sein.« Sie verliert keine Zeit mehr. Ohne mit irgend jemandem ihre Entscheidung zu besprechen, erzählt sie noch am selben Abend einer zufällig im Hotel anwesenden Journalistin: »Ich steige aus, für mich ist jetzt Schluß, dieser Film ist mein letzter – ich bin es leid!« Es wird die Topmeldung in allen Zeitungen, aber kein Artikel versäumt es, darauf hinzuweisen, man wisse ja um die Unberechenbarkeit der Bardot, und sicherlich sei dies nicht ihr letztes Wort. Sie wird mit Spott und Häme überzogen. Wegen einer Ziege gebe die alternde Diva ihre Karriere auf, heißt es, und dieser Rückzug sei längst überfällig. Sie versucht es zu ignorieren. »All diese Kommentare überhörte ich und folgte wie immer meinem Instinkt, meiner Lebensregel und meinem Herzen. Ich fühlte mich von einer gewaltigen Last befreit, von nun an würde ich dieses Star-Etikett, das mir das Leben vergällte, nicht mehr mit mir herumschleppen. Ich würde ein normales Leben führen, auf dem Lande, ohne jeglichen Zwang, mit all diesen Tieren, die ich liebte und denen ich mich so verbunden fühlte.«

Sie irrt sich gewaltig. Ihre letzten Filme haben ihr weit weniger mediale Aufmerksamkeit eingebracht als dieser Entschluß. Außerdem steht im Jahr darauf ihr vierzigster Geburtstag in den Terminkalendern der Redakteure, ein schöner Anlaß für tiefschürfende Analysen über das größte Verbrechen, das eine schöne Frau begehen kann: Alt werden. Der Journalist und Buchautor Gregor von Rezzori, damals 61 und somit im besten Mannesalter, schreibt 1975 in einem großangelegten Essay in der *Welt am Sonntag*: »Vom Filmstar B.B. löst sich die alternde Frau Brigitte Bardot ab, und es ist zu befürchten, daß die Schauspielerin Brigitte Bardot versuchen wird, die immer sichtbarer werdende Diskrepanz zwischen den beiden auszugleichen. Was schade wäre, weil damit der heitere Mythos, den B.B. in ihrer schnöden Unangefochtenheit so glorios verkörperte, ein tristes Ende bekäme.« Da Rezzori wie die meisten Journalisten keineswegs glaubt, daß Brigitte Bardot bei ihrem Beschluß bleibt, keine Filme mehr zu machen, räsoniert er, es gebe nur zwei Rollen für eine Frau mit vierzig: Entweder »Mutterrollen« oder die einer Frau, die »an der Leere des Lebens leidet«. Leider eignet sich keine der beiden für B.B., und so kann er zum Schluß seines Artikels nur hoffen, daß sie »sich nicht dranmacht, dem Mythos B.B. den Abschluß einer Farce anzuhängen. Das wird sich kaum vermeiden lassen, wenn sie nicht eine Tugend übt, die zwar das Gegenteil von dem ist, was sie als Filmschauspielerin so groß gemacht hat, was aber um so besser einer reifen Frau zu Gesicht steht: Diskretion.«

Brigitte Bardot ignoriert diesen und viele weitere Ratschläge zu ihrem vierzigsten Geburtstag. Vielmehr verhält sie sich unbotmäßig wie zu Beginn ihrer Karriere. Sie begeht zwei unverzeihliche Sünden: Junge, vor allem aber viele Männer tauchen als ihre Begleiter auf, und sie beginnt, sich für den Tierschutz zu engagieren. Beides taugt hervorragend, um sie in den Augen der Öffentlichkeit lächerlich zu machen und als verzweifelte, einsame und mitleidenswürdige Figur zu deklassieren.

Seit der Trennung von Gunter Sachs bevorzugt sie Männer zwischen zwanzig und dreißig, mit denen sie die immer gleiche Geschichte erlebt. Der Auftakt ist stets furios, dann folgt eine quälend lange Zeit der Agonie, bis sie sich endlich entschließen kann, sich von ihnen zu trennen. Manche ihrer Liebhaber zahlen ihr die Demütigung ihres männlichen Stolzes, die sie als Monsieur Bardot erlitten haben, mit einer kleinen Artikelserie heim. Der Barkeeper Christian Kalt, den sie 1970 in ihrem Lieblingsclub Saint-Nicholas kennengelernt hat, veröffentlicht nach 18 Monaten Beziehung mit Brigitte Bardot eine Reihe unter dem Titel: »Leben und Liebe mit der Bardot«, die in den Zeitungen der ganzen Welt gedruckt wird und nichtssagende Details aus ihrem Alltagsleben enthüllt. Derartige Vertrauensbrüche erlebt sie häufig. Ihr Sekretär Alain Carré fühlte sich nach seiner Kündigung ebenso zum Journalismus hingezogen wie einige ihrer Dienstmädchen, vermeintlichen Freunde und Freundinnen. Jedesmal fühlt sie sich bestätigt, daß von den Menschen nicht viel zu erwarten ist. Ihr Haß auf sie steigert sich und kennt weder Grenzen noch Nuancen und kein Zurück. Jede Liebesgeschichte, die ihr zu Anfang noch Zuneigung, Bestätigung und Geborgenheit zu bieten scheint, liefert im Schlaglicht der Öffentlichkeit und unter dem Druck der Alltagsprobleme nur weitere Argumente, die für ihre Menschenfeindlichkeit sprechen. Der Journalist José Luis de Villalonga fragt sie in einem Interview: »Gibt es in Ihrer Beziehung zum Mann nicht etwas Selbstzerstörerisches?« Ihre Antwort: »Oh, das ist mir zu kompliziert. Ich bin keine Intellektuelle. Gescheit, ja, aber im Grunde ein einfaches Mädchen. Sage ich einem Jungen, daß ich ihn liebe, dann ist es die Wahrheit. Was dann nicht heißt, daß es am anderen Tag noch zutreffen muß.« In einem anderen Interview, das sie der Schriftstellerin Françoise Sagan zum Anlaß ihres vierzigsten Geburtstages gibt, klingt sie nachdenklicher. Sagan, die Mitte der 50er Jahre mit ihrem ersten Buch *Bonjour tristesse* für Furore gesorgt hatte, fragt die etwa gleichaltrige Bardot, was sie bisher mit ihrem Leben angefangen habe. »Ich bin eine beruflich zweifellos erfolgreiche, im Privatleben gewiß erfolglose Frau«, antwortet sie. »Sagen wir, ich bin unvollkommen, und darum will ich nicht weiterarbeiten. Ich will versuchen, aus meinem wirklichen Leben etwas zu machen. Bisher ist es nur Stückwerk.« Sagan fragt, ob dies daran liege, daß sie berühmt, unabhängig und reich sei: »Gewiß. Das kompliziert dein Liebesleben, weil du den Männern, die du kennenlernst, überlegen bist – außer du triffst vielleicht einen, der reich und bekannt ist. Nur mag ich reiche Leute und ihre Denkweise nicht. Sie glauben, sie könnten alles kaufen – auch mich. Wenn ein Mann in meinem Leben ein, sagen wir, gewöhnlicher Mann ist, stimmt die Beziehung zwischen uns von Anfang an nicht. Wir sind ein zerbrechliches, ungleiches Paar …« Auch Gregor von Rezzori ahnt, daß hinter der allzu weiblichen Hülle der Bardot schon immer »ein Kerl« lauerte. Die Umkehrung der Geschlechterrollen nimmt man auch in den 70er Jahren nicht klaglos hin. Eine Frau mit vierzig hat sich »diskret« zu verhalten, statt die Arme jüngerer Männer mit einem Jungbrunnen zu verwechseln. Am Schluß des Interviews mit José Luis de Villalonga spricht Brigitte Bardot ein unwiderrufliches, gnadenloses Urteil über ihre Zukunft: »An dem Tag, da ich den Mann nicht mehr haben kann, den ich mir wünsche, werde ich wissen, daß ich alt bin.«

1970 ist Simone de Beauvoirs Buch *Das Alter* (*La vieillesse*) erschienen, das in der Art von *Das andere Geschlecht* die soziale Verdrängung des letzten Lebensabschnitts untersucht. Sie zeichnet darin ein pessimistisches Bild des Menschen, der »während der letzten 15 oder 20 Jahre seines Lebens nur noch Ausschuß ist« und damit »das Scheitern unserer Zivilisation« offenbart. Wieder einmal gilt ihr Interesse einer Gruppe, der sie zugleich angehört und doch auch wieder nicht. Sie ist mit 62 im Rentenalter, aber ihr Terminkalender ist voller denn je. Das Alter begegnet ihr vielmehr in Gestalt ihres lebenslangen Gefährten Jean-Paul Sartre. In den Jahren von 1970 bis 1980 muß sie mit ansehen, wie er zunehmend verfällt. Zuerst sind es noch leichte Anfälle, von denen er sich schnell wieder erholt, doch später schwächen ihn Kreislaufkollaps und Durchblutungskrisen derart, daß er kaum noch aufstehen kann. Seine Sehschwäche geht in völlige Blindheit über. Sartre muß bald rund um die Uhr betreut und gepflegt werden. Er stirbt in langsamen, quälenden Etappen. Nach wie vor betäubt er Schmerz und Langeweile mit Unmengen von Alkohol, vorzugsweise Whisky, und raucht täglich zwei Päckchen Zigaretten.

Um ihn herum streiten sich bereits die geistigen Erben um die rechtmäßige Auslegung seines Werks; Fraktionen bilden sich für und gegen Simone de Beauvoir, die verzweifelt versucht, noch immer die erste in seinem Leben zu sein. Aber seine Adoptivtochter Arlette verbringt inzwischen mehr Zeit mit ihm als sie, und als sein Sekretär, der junge Intellektuelle und ehemalige Maoist Pierre Victor, den Namen Sartres für seine spiritualistisch inspirierten Gedanken instrumentalisieren will, kann er auf Arlettes Unterstützung bauen. Simone de Beauvoir muß dem Treiben machtlos zusehen, da Sartre sich zum ersten Mal gegen ihre Einmischung wehrt. Es kommt zu einem Streit, der nie ganz geklärt werden kann. Am 20. März 1980 wird Sartre nach einem Anfall halb ohnmächtig in eine Klinik eingewiesen. Simone de Beauvoir hat seine lange Krankheit, sein Sterben und seinen Tod in dem Buch *Die Zeremonie des Abschieds* (*La céremonie des adieux*) beschrieben. Mit schlichter Offenheit erzählt sie die persönlichsten und für sie wahrscheinlich schwersten Augenblicke ihres Lebens. Sie berichtet von Sartres letzter Sorge, dem Geldmangel, denn er hatte zeitlebens so viel an ihm nahestehende Menschen verschenkt, daß nichts mehr für ein Begräbnis übrigbleibt. »Ich liebe Sie sehr, kleiner Castor«, sind die letzten Worte, die sie von ihm hört. Am Tag vor seinem Tod schläft er, erwacht aber, als sie an sein Bett tritt. Er hält ihr seinen Mund hin, ohne die Augen zu öffnen. »Ich habe seinen Mund geküßt, seine Wange. Er ist wieder eingeschlafen. Diese Worte, diese Geste, ungewöhnlich für ihn, wiesen auf seinen nahen Tod hin.« Am 15. April 1980 stirbt Sartre. An seinem Begräbnis nehmen 50 000 Menschen teil. »Das ist die letzte Demo von ›68‹«, sagt Claude Lanzmann, der sich als einer von Beauvoirs treuesten Freunden erweist.

Der Tod Sartres, so hatte sie immer gesagt, wird auch ihrer sein. Sie bricht zusammen und muß die nächsten vier Wochen im Krankenhaus verbringen. Ihr Gesundheitszustand ist kritisch. Zum Erstaunen der Ärzte erholt sie sich jedoch in den nächsten zwei Jahren. Ihre Freundin Sylvie Le Bon verhilft ihr zu neuem Lebensmut, und die Frauen der Women's Lib-Bewegung scharen sich um sie. Mit Sylvie reist sie noch einmal nach Amerika, um die Feministin und neue Freundin Kate Millett zu besuchen, die eine Frauenkommune auf dem Land initiiert hat und versucht, ein Stück weibliche Autonomie zu leben. Der Kampf um die Gleichberechtigung der Frauen nimmt Simone de Beauvoir voll in Anspruch und lenkt sie von der Trauer um Sartre ein wenig ab. Aber sie ist eine alte Frau mit labiler Gesundheit, die sie ebenso wie Sartre zunehmend mit maßlosem Alkoholkonsum aufs Spiel setzt.

Ihre Alkoholsucht – vor allem in ihren letzten Lebensjahren – ist nicht das einzige Zeichen dafür, daß Simone de Beauvoir, die mit aller Macht das Glück gesucht und nicht selten gefunden hat, für ihre Traurigkeit nach dem Tod Sartres und für ihre offenkundigen Depressionen keinen Ausdruck mehr finden kann. Viele Widersprüche ihres gemeinsamen Lebens, viele Verletzungen und verdrängte Konflikte bleiben für immer ungelöst. »Existieren bedeutet für die menschliche Wirklichkeit sich verzeitlichen«, schreibt sie in *Das Alter*, aber was tun, wenn die Zeit stillzustehen scheint, die Erinnerung sich lähmend auf sie legt und keine Bewegung mehr möglich ist? Simone de Beauvoir stürzt sich auch mit 75 Jahren lieber in die Arbeit, als über sich selbst nachzudenken. In dem letzten Interview, das Alice Schwarzer 1982 mit ihr führt, gibt sie zu: »Meine Analysen wende ich nicht allzusehr auf mich selbst an. Das ist mir fremd.«

Im März 1986 klagt sie über Magenkrämpfe, und ihre Freundin Sylvie bringt sie ins Krankenhaus. Dort bleibt sie einige Wochen, erholt sich, erleidet Rückschläge, bis sie schließlich relativ überraschend am 14. April, fast auf den Tag genau sechs Jahre nach Sartres Tod, mit 78 Jahren stirbt. Claude Lanzmann liest an ihrem Grab eine Passage aus ihren Memoiren vor, in denen sie ihre Angst vor dem Nichts, vor dem Tod, dem »leeren Himmel« über ihr beschreibt, die sie seit ihrer Kindheit begleitet hat. Lanzmann hat soeben mit finanzieller Unterstützung von Simone de Beauvoir »Shoah« fertiggestellt, den berühmtesten Dokumentarfilm über die Opfer und

Täter des Holocaust. Die aus der ganzen Welt zur Beerdigung von Simone de Beauvoir angereisten Frauen murren, da ein Mann die Grabrede hält. Außerdem bemerken sie, daß ihr Name auf dem Grabstein unter dem Jean-Paul Sartres steht.

Brigitte Bardot findet ihren Namen auch nach ihrem Rückzug vom Film 1973 immer wieder in den Schlagzeilen. Meistens mißfällt ihr, was sie liest, doch manchmal sucht sie inzwischen auch das Licht der Öffentlichkeit, wenn es um die Sache geht, der sie sich jetzt verschrieben hat: dem Tierschutz. Die letzten Sätze ihres ersten Memoiren-Bandes beschwören, wie ernst es ihr damit ist: »Und nun war ich bereit, endgültig bereit, mich meiner neuen Lebensaufgabe zu stellen, indem ich zugunsten der Tiere meine Person und meinen Ruhm hintanstellte. Mich in den Dienst ihres Überlebens stellte. Mich selbst völlig vergaß, um nur noch an sie zu denken. Indem ich eintrat in den Orden der Tiere.«

Bereits 1962 hatte sie mit ihrem persönlich vorgetragenen Protest gegen die grausamen Schlachtmethoden in Frankreich Erfolg gehabt. Nach einer langwierigen Gesetzgebungsinitiative erreichte sie, daß von nun an die Tiere mit schnellen, fast schmerzfreien Elektroschocks getötet werden sollten. Das Gesetz ist bis heute nach ihr benannt. Sie identifiziert sich mit den gequälten, rechtlosen Kreaturen, die dem Willen der Menschen ausgeliefert sind. In ihren Memoiren erklärt Brigitte Bardot ihrem Lesepublikum immer wieder ihre Liebe zu den Tieren: »Sie wissen sicherlich, daß ich Tiere, ganz besonders Hunde, über alles mag. Diese Zuneigung ist im Laufe meines Lebens immer stärker geworden, denn ich habe festgestellt, daß ein Hund einen niemals verrät, einen in jeder Lebensphase liebt und einem selbst in den schlimmsten Augenblicken treu zur Seite steht. Mit einem Hund macht man immer gute Erfahrungen. Man kann sich auf seine Zärtlichkeit, seine Zuneigung und seine Anwesenheit verlassen. Ein Hund schmollt nicht, freut sich immer über ein Wiedersehen und ist nicht nachtragend.« Mit den Menschen gestaltet sich das Leben komplizierter, aber immerhin gelingt es ihr 1975, einen Mann zu finden, mit dem sie viereinhalb Jahre zusammenbleibt und der endlich ihren Traum von einem beschaulichen, zurückgezogenen Leben teilt. Miroslav Brozek ist Bildhauer und tierlieb genug, um die Passion von Brigitte Bardot zu ertragen.

»Mit ihm fühle ich mich beschützt und sicher. Ich kann mich auf ihn verlassen«, erzählt sie ihrem Biographen.

Ihr größter Erfolg als Tierschützerin gelingt ihr gleich zu Anfang ihrer zweiten Karriere, als sie im Frühjahr 1976 plant, mit einem Kamerateam bewaffnet nach Neufundland zu fliegen, um dort gegen die alljährliche Tötung von Tausenden Robbenbabys zu protestieren. Aber ein Streit mit Miroslav macht die Pläne zunichte. Auf halbem Wege bricht sie die Reise ab und fliegt entnervt zurück nach Paris. Journalisten aber arbeiten nicht umsonst und lancieren das Thema geschickt in den Zeitungen und Fernsehsendern. Bilder von niedlichen Robbenbabys, die in einem Meer von Blut baden, gehen um die Welt. Brigitte Bardot läßt erklären, alleine der Gedanke an die Bilder habe sie bewogen, nicht hinzufahren. Neun Tage später, am 6. April 1976, reiht sie sich unter 5000 Demonstranten vor der norwegischen Botschaft in Paris ein und protestiert gegen die Schlachtung der Robben. Auch hier sind die Fotografen vor Ort. Zum ersten Mal schafft sie es, den Spieß umzudrehen und sie für ihre eigenen Zwecke zu instrumentalisieren. Die Reaktion ist überwältigend. Bis zu 1000 Briefe am Tag – davor waren es 200 bis 400 – erreichen sie aus der ganzen Welt, manche enthalten Geld, andere nur Ermunterung, wenige Kritik. Endlich scheint sie auf der richtigen Seite zu stehen: »Von der Grausamkeit gegenüber Tieren ist es nur ein kleiner Schritt zur Grausamkeit gegenüber der Menschheit. Krieg ist ein Produkt des Jagens. Blut ruft nach Blut. Man muß nach den Wurzeln des Bösen suchen«, sagt sie in einem ihrer zahllosen Interviews zum Thema. Damit trifft sie den richtigen Ton einer friedensbewegten Ära. Brigitte Bardot hat ihre Mission gefunden, und wie immer fühlt sie am Puls der Zeit. Doch genau wie vor 15 Jahren gelingt es ihr nicht, daraus eine Erfolgsgeschichte zu machen. Ihr Engagement für die Tiere, das sie mit heiliger Inbrunst betreibt, führt sie geradewegs zurück ins Fegefeuer der öffentlichen Kritik.

Der Erfolg ihrer Robbenaktion ermuntert sie kurze Zeit später dazu, die Brigitte-Bardot-Stiftung zu gründen. Bereits nach drei Monaten aber muß die Stiftung ihre Arbeit wieder einstellen, weil Brigitte Bardot sich weigert, ihr Geld für Telefonrechnungen, Briefpapier und Gehälter auszugeben. Bürokratie ist ihr verhaßt, und sie sieht nicht ein, daß es einer Infrastruktur bedarf, um ihre Forderungen nach einem besseren Tierschutz auch politisch durchzusetzen.

»Es hätte mehr Sinn gehabt, wenn ich 25000 Dosen Hundefutter gekauft hätte, um sie an herrenlose Tiere zu verfüttern«, erzählt sie ihrem Biographen Jeffrey Robinson nach dem gescheiterten Stiftungsversuch. In den Redaktionen herrscht Schadenfreude ob solcher Naivität. Immer wieder betont Bardot, sie sei kein politischer Mensch, nur die Tiere interessierten sie. Der Bardot wohlgesonnene Robinson, der einen Teil seines Buchhonorars Bardots zweiter Stiftung spendet, berichtet hierzu folgende Szene: Als am 23. Juli 1980 der Schah von Persien stirbt, bekommt Brigitte Bardot einen Anruf von ihrem Freund Gérard Montel, dem Friseur von Saint-Tropez: »Le Shah est mort«, sagt er. Sie aber versteht: »Le chat est mort.« (Die

»Von der Grausamkeit gegenüber Tieren ist es ist nur ein kleiner Schritt zur Grausamkeit gegenüber der Menschheit«, erklärt die Tierschützerin Bardot in den 70ern. Doch ihr eifriges Engagement für den Tierschutz handelt ihr schnell den Vorwurf der Menschenfeindlichkeit ein.

Katze ist tot.) »Welche?« fragt sie zurück. Gérard ist verdutzt: »Welche was?« »Welche Katze ist tot?« antwortet sie. »Aber nein«, erwidert Gérard und erklärt, »der Shah von Persien ist tot.« »Oh«, sagt sie, »da bin ich aber erleichtert.«

Sie handelt sich den Vorwurf ein, sich mehr um Tiere als um Menschen zu sorgen. In diesem Zusammenhang fehlt nie der Hinweis auf ihren Sohn Nicholas, den sein Vater nach einigen Jahren in die Obhut seiner Schwester übergeben hatte. Nicholas ist inzwischen ein junger Mann, der seine Mutter nur sporadisch sieht. Ihr Verhältnis bleibt schwierig. Immerhin ist es gelungen, das einst »berühmteste Baby Frankreichs« aus dem Schußfeld der Medien zu halten, und er ist relativ unbehelligt von neugierigen Blicken aufgewachsen.

Anders steht es um Brigitte Bardots Privatsphäre. Ihr Haus in Saint-Tropez ist ein bevorzugtes Objekt der Begierde für Touristen, von denen im Sommer bis zu 100 000 das ansonsten 5000 Bewohner zählende Dorf bevölkern. Auch für Fotografen ist Bardot noch immer ein lohnendes Motiv. Sie verlangt Schutz vor den Zudringlingen, die vom Meer aus auf ihr Grundstück kommen, und will einen Privatstrand, der von einer Mauer, die bis ins Wasser ragt, umgeben sein soll. Der Bürgermeister von Saint-Tropez lehnt ab, und der jahrelange Streit zwischen den beiden erweist sich jeden Sommer als geeigneter Lückenbüßer für die Medien. Schließlich läßt sie einfach die Mauer bauen, und um wirklich sicherzugehen, kauft sie noch ein zurückliegendes Nachbargrundstück, das im Laufe der Zeit das bevorzugte Rückzugsgebiet für sie und ihren rasant wachsenden Privatzoo wird.

Ihr Sieg ermutigt sie, auch gegen die Berichterstattung über sie vorzugehen, und sie startet einen Rachefeldzug gegen die Medien, auf den sie lange gewartet hatte. Jedes Bild, das ohne ihre ausdrückliche Zustimmung von ihr gedruckt oder gesendet wird, jedes Wort, das man zitiert, ohne sie zuvor zu fragen, ahndet sie mit einer Schadensersatzforderung. Hinzu kommen die zahllosen Verfahren, die sie gegen vermeintliche oder wirkliche Tierschänder anstrengt. Bis Mitte der 90er Jahre tritt ihr Anwalt Gilles Dreyfus mehr als 150mal in Aktion. Sie geht so weit, einen französischen Journalisten zu verklagen, der sie mit dem Begriff »Mythos« beschrieben hat. Tatsächlich gewinnt sie laut Robinson den Prozeß und bekommt 60 000 Francs Schadensersatz.

Auch Roger Vadim gerät in ihr Visier und muß 30000 Francs Strafe zahlen, als er 1986 seine Autobiographie veröffentlicht. »Es ist sehr seltsam«, wundert er sich daraufhin öffentlich, »Brigitte hört nicht auf, Leute zu verklagen. Sie war eine andere, als ich mit ihr zusammenlebte.«

Tatsächlich hat sie es aufgegeben, ihre Feinde zu zählen, und wehrt sich erfolgreich gegen Verleumdungen, die immer noch über sie verbreitet werden. Vorzugsweise handeln die Geschichten in den Boulevardblättern jetzt vom Älterwerden und der Einsamkeit. Die *Bild* druckt im September 1981 eine Geschichte mit dem Titel: »Brigitte Bardot (47) bettelt um einen netten Abend«: »Brigitte Bardot, zwei Jahrzehnte von Millionen Männern angehimmelt, hat 20 Pfund Übergewicht, tiefe Falten, vom Weinen gerötete Augen. Ihr langes blondes Haar hat den Glanz verloren. (...) Sie wird leicht hysterisch. (...) Tiere sind der B.B. treu geblieben. In ihrer Villa streichen vier Katzen herum. Die Männer sind weg.«

Man verzeiht ihr nicht, daß sie alt wird. Noch weniger aber sieht man es ihr nach, daß sie sich noch immer querstellt. 1986 versucht sie erneut, eine Brigitte-Bardot-Stiftung zum Schutz der Tiere zu gründen. Man sagt ihr, sie brauche drei Millionen Francs, um den rechtlichen Status einer gemeinnützigen Organisation zu erlangen. Auch wenn sie ihr Geld im Laufe der Zeit gut angelegt hat, besitzt sie nicht genug. Kurzerhand räumt sie ihre Schränke und versteigert ihre persönlichen Erinnerungsstücke, darunter ihr Brautkleid von 1952 und einen kostbaren Ring von Gunter Sachs, der es wie ein echter Gentleman aufnimmt, daß sein Geschenk zum Wohl der Tiere feilgeboten wird. Er schickt einen Mittelsmann, der den Ring auf der Auktion für 210000 Francs ein zweites Mal kauft: »Ich dachte daran, ihn ihr zurückzugeben, aber dann überlegte ich, daß es endlos sein würde. Sie würde ihn wieder verkaufen, ich würde kaufen, sie verkaufen – endlos eben«, erzählt er Jeffrey Robinson und sagt achselzuckend: »Sie interessiert sich nur für Tiere, deshalb mußte ich meinen Ring zweimal kaufen.«

Die Franzosen finden das Schauspiel würdelos. Kein Mensch glaubt ihr, daß die Aktion so selbstlos ist, wie es den Anschein hat. Sie spekuliere auf eine Rückkehr ins Filmgeschäft, heißt es immer wieder. Erst als sie einige Jahre darauf ihr Haus in Saint-Tropez ihrer Stiftung überschreibt, nimmt man dies respektvoll zur Kenntnis.

Die Frau meint es offenbar ernst, wenn sie selbst ihr Zuhause verschenkt. Aber kaum hebt sich der Sympathiepegel in der Öffentlichkeit ein wenig, macht sie alle Anstrengungen mit einem erneuten Fehltritt zunichte. Im Herbst 1992 wird bekannt, daß sie am 16. August den Geschäftsmann Bernard d'Ormale geheiratet hat. In den sieben zurückliegenden Jahren war es ruhig um sie geworden, was Männer anging. Sie lebte allein, kümmerte sich um ihre Tiere, schrieb bereits an ihren Memoiren und schaute ab und an bei ihrer Stiftung nach dem Rechten. Bernard d'Ormale ist der Öffentlichkeit in Frankreich ein Begriff, seitdem er im März 1992 bei den Regionalwahlen das Büro von Jean-Marie Le Pen, dem Vorsitzenden der rechtsextremen Partei Front National (FN), in Nizza geleitet hat. Die für ausländerfeindliche Parolen bekannte FN und die stets konservativ eingestellte Brigitte Bardot werden jetzt in einem Atemzug genannt, und all ihre Dementis verhallen ungehört. Ihre Glaubwürdigkeit erreicht vollends den Nullpunkt, als sie sechs Jahre nach ihrer Hochzeit mit Bernard d'Ormale im April 1998 die Schlachtrituale der Moslems kritisiert und sich dabei eines offen rassistischen Grundtons bedient: »Französische Innenhöfe und die Badezimmer unzähliger Sozialwohnungen werden immer wieder Orte eines Gemetzels, wo Tiere unter blutigsten Qualen getötet werden. Muslimische Familienväter glauben, sie müßten ›ihr Schaf‹ unbedingt opfern«, zitiert sie die *Berliner Morgenpost* unter dem Titel »Rassistin im Schafspelz – eine Diva auf Abwegen«. Schon immer hat sie auf politische Korrektheit nichts gegeben, und erneut überschreitet sie die Grenzen des Zumutbaren. Diesmal finden sich kaum mehr Verteidiger, die in ihrem Verhalten einen tieferen Sinn erkennen. Ihre Stiftung büßt erneut an Ansehen ein. Mitglieder kündigen, Spenden fließen kaum noch, und Brigitte Bardot sieht sich zum wiederholten Mal beschimpft, gemieden und mit wüsten Attacken der Medien konfrontiert. Es scheint, als habe sie ein Gespür dafür, sich in jeder Lebensphase erneut ins gesellschaftliche Abseits zu schießen. Sie kann nicht aufhören, sich in die Position derjenigen zu begeben, die bei einer Abendgesellschaft, zu der sie nicht geladen wurde, einen skandalösen Auftritt hinlegt.

Kurz nach Simone de Beauvoirs Tod am 14. April 1986 beginnt auch schon ihre Demontage. Vorwürfe, die auch zu ihren Lebzeiten gegen sie erhoben wurden, verfestigen sich jetzt und werden lauter: In Wahrheit habe sie kein eigenes Werk unabhängig von Sartre zustande gebracht, heißt es, und ihr Feminismus sei überholt. Die *Libération* zitiert Antoinette Fouque, die nach dem Tod von Simone de Beauvoir hofft, daß nunmehr »vielleicht der Eintritt der Frauen ins 21. Jahrhundert« beschleunigt wird. Andere führen jetzt das Wort. Simone de Beauvoir gerät zwar nicht in Vergessenheit, aber man vermeidet es tunlichst, auf ihren Namen zurückzugreifen. Ende der 80er Jahre wird Simone de Beauvoir in linken, feministischen Kreisen totgeschwiegen. Noch abstinenter zeigen sich die Wissenschaftlerinnen und Wissenschaftler, bei denen der Glaubenssatz vorherrscht, Simone de Beauvoir sei allenfalls eine interessante Persönlichkeit der Zeitgeschichte, aber keine seriöse Intellektuelle gewesen. Als die amerikanische Literaturwissenschaftlerin Toril Moi Anfang der 90er Jahre für ihr Buch *Simone de Beauvoir – Die Psychografie einer Intellektuellen* in Frankreich recherchiert, sagt ihr ein berühmter französischer Intellektueller: »Wissen Sie, Simone de Beauvoir war nicht nur dumm (bête), sondern obendrein bösartig (méchante).« Moi zieht es vor, ihr Buch nicht in Paris, sondern unter den Kiefern von North Carolina zu schreiben, die »in mehr als einer Hinsicht ein Segen für mich (waren)«.

Simone de Beauvoir wurde zeit ihres Lebens den Satz nicht los, der zum Fundament der neueren feministischen Theorien und zugleich Meßlatte für ihr Leben wurde: »Man ist nicht als Frau geboren, man wird es.« Damit weckte sie Erwartungen, denen kein Mensch gerecht werden konnte. Sie sollte die Befreiung von der bürgerlichen Familie vorleben, finanziell unabhängig sein und ihre Beziehung zu Jean-Paul Sartre in ein mustergültiges Projekt für eine ganze Generation nachfolgender Frauen verwandeln. Als sich herausstellte, daß – welch Wunder – auch die sogenannte freie Liebe Eifersucht, Intrige und Betrug kannte, war die Enttäuschung groß. Viele Frauen wandten sich von ihr ab und sahen sich gleichzeitig einmal mehr einer Ikone der Befreiung beraubt.

Brigitte Bardot konnte hingegen zu keinem Zeitpunkt ihrer beispiellosen Karriere damit rechnen, bei den Frauen viele Verbündete zu finden. Ihre makellose Schönheit machte sie anfangs zur Konkurrentin, ihre Halsstarrigkeit handelte ihr später den Vorwurf des Egoismus ein. Sie verstand es nie, ihren beispiellosen Ruhm in wirkliche öffentliche Anerkennung zu verwandeln. Bis heute kämpft sie vergeblich darum, in erster Linie als Mensch statt als Vollweib mit obskuren Meinungen wahrgenommen zu werden.

Nachwort

Was wäre passiert, wenn Brigitte Bardot und Simone de Beauvoir sich einmal zufällig begegnet wären? Vermutlich nicht viel. Sie hätten sich gemustert, ein paar höfliche Worte miteinander gewechselt, um festzustellen, daß es nicht viel zu sagen gibt. Sie hätten sich vielleicht ein wenig gegenseitig bewundert, vielleicht aber auch ein wenig verachtet ... Kurz: Sie hätten sich nicht anders verhalten, als man es bei der Begegnung einer reifen Intellektuellen mit einer 26 Jahre jüngeren Schauspielerin erwarten würde.

Nur im Medium Film, das in Sachen Zeit und Raum eigenen Gesetzen folgt, wäre ein Zusammentreffen vorstellbar, das beiden Frauen gerecht würde, weil es sie als Phänomene einer ganz bestimmten Epoche zeigte. In »La verité« (1960) ist Brigitte Bardot ein gefallenes Mädchen namens Dominique, das alle Eigenschaften von Juliette aus »Et Dieu créa la femme« (1956) auf die Spitze treibt. Dominique weiß nicht, was sie mit dem Leben anfangen soll, weiß nicht, was sie will und will auch nicht wissen, was jeder sehen kann: daß sie auf einen Abgrund zusteuert. Dominique ist eine Verlorene, Haltlose, und aus Verzweiflung geht sie manchmal in ein Café in Saint-Germain-des-Prés, um sich aufzuwärmen oder um sich nach einem jungen Mann umzusehen, der einen Schlafplatz für die Nacht bieten könnte.

Simone de Beauvoirs Blick fällt sofort auf die junge blonde Frau, die hereinkommt und die alle Männer im Café zu kennen scheinen, während die wenigen Frauen, die noch anwesend sind, sie zu ignorieren ver-

suchen. Es gefällt Simone de Beauvoir, mit welchem Selbstbewußtsein Dominique ihren Auftritt inszeniert, wie sie die Sprüche der Männer ins Leere laufen läßt und sich offenbar nur denen zuwendet, von denen sie sich einen Vorteil erhofft.

Auch Dominique bemerkt die auffallend gerade sitzende Frau mit der altmodischen Frisur. Sie sitzt alleine, und keiner der jungen Männer wagt es, sie anzusprechen. Ihre dunkelblauen Augen sind das auffallendste an ihr, und sie blicken aufmerksam um sich. Doch kein Blickkontakt gerät ihr zu einer verbindlichen Geste, und auch Dominique betrachtet sie, als sei sie eine flüchtige, zufällige Erscheinung.

Eher aus einer Laune heraus entschließt sich Dominique, auf den Tisch der eindrücklichen Dame zuzugehen und ein Gespräch zu beginnen. Am Anfang läuft das Ganze etwas schleppend an, doch stellen die beiden Frauen nach einigen holprigen Sätzen fest, daß es mehr Gemeinsamkeiten und Verwandtes zwischen ihnen gibt, als zu vermuten war.

Beide Frauen kannten ein einziges Leitmotiv: Freiheit. Ihrer beider Leben begann jeweils in einer Vorkriegszeit, die ihre Kindheit bestimmen sollte. Die Kriege produzierten dann nicht nur Verwüstung, sondern auch Desorientierung, doch beiden Frauen gelang es, aus der Not eine Tugend zu machen. Die in Unordnung geratene Welt bot Frauen wie ihnen nur eine winzige Fluchtmöglichkeit aus dem ihnen vorherbestimmten bürgerlichen Leben als Hausfrau und Mutter. Sie nutzten sie. So wurden sie auf ganz unterschiedliche Weise zu Pionierinnen weiblicher Befreiung. Sie eroberten ein Terrain, das heute wie selbstverständlich zur Lebenswelt von Frauen zu gehören scheint, damals jedoch Niemandsland war: Brigitte Bardot stand für sexuelle Befreiung – auch wenn das manchmal nicht mehr bedeutete, als einen jungen und ehrgeizigen, aber achtlosen Liebhaber loszuwerden. Simone de Beauvoir lebte weibliche Selbstverwirklichung im Reich der Intellektuellen und Dichter vor – ein Haifischbecken, insbesondere für Frauen, wie sich herausstellte. Beide Frauen verweigerten sich in ihren Beziehungen zu Männern und vor allem in ihrer Einstellung zur Familie den herkömmlichen Rollenmustern. Im Beruf waren sie das, was man heute Karrieristinnen nennen würde; sie waren so erfolgreich, daß sie immer mit dem Neid der anderen rechnen konnten. Vor allem Männer ließen sie spüren, daß es einen Preis für Erfolg gibt. Simone de Beauvoirs Geliebter Nelson Algren verfolgte sie mit ohnmächtigem Haß, als er erkannte, daß ihr der Beruf wichtiger war als seine Liebe. Jean-Paul Sartre wiederum mißbrauchte Beauvoirs Loyalität, indem er sie über alle Maßen in Anspruch nahm. Brigitte Bardot fühlte sich während ihrer Affären die meiste Zeit einsam und suchte meist vergeblich nach einem Mann, der ihrem Erfolg gewachsen war und ihn nicht als Bedrohung seiner Männlichkeit empfand. Aber auch Frauen nahmen es nicht ohne weiteres hin, daß eine der ihren derart aus der Rolle fiel. Während es Brigitte Bardot nie gelang, Frauen als Verbündete zu gewinnen, schaffte es Simone de Beauvoir erst spät: Die Erfahrungen mit der Frauenbewegung in den 70er Jahren waren für die über 60jährige wertvoll, auch wenn sie ihren Mitstreiterinnen nie auf gleicher Augenhöhe begegnen konnte. Der Altersunterschied und ihre Position als *Grande Dame* der intellektuellen Szene verhinderten ein wirkliches Zusammengehörigkeitsgefühl.

Beide Frauen gaben sich der Illusion hin, sie könnten sich ganz selbstverständlich das Recht herausnehmen, die ihnen vorgegebenen Lebensplanungen und Rollen zu ignorieren und ihren eigenen Weg zu gehen. Sie täuschten sich. Solange sie Erfolge vorzuweisen hatten, blieb man ihnen noch verhältnismäßig wohlgesonnen. Doch sobald sie wirklich Grenzen überschritten, ließ man es sie spüren. Besonders ihre ablehnende Haltung zur Mutterschaft, die sie zwar unterschiedlich begründeten, aber gleichermaßen konsequent verfochten, erhitzte die öffentlichen Gemüter. Als Brigitte Bardot publik machte, daß sie ihren Sohn Nicholas nicht selbst aufziehen würde, stellte man sie an den Pranger und strafte sie öffentlich für ihre Verfehlung ab wie keine andere Schauspielerin vor ihr. Auch Simone de Beauvoir mußte sich immer wieder kritischen Fragen nach ihrer Kinderlosigkeit stellen. Beruflicher Ehrgeiz galt als natürlicher Instinkt des Mannes, nicht aber als akzeptables Argument einer Frau gegen das Kinderkriegen. Es gab letztlich für beide Frauen zahlreiche persönliche Gründe, auf Kinder und eine Familie im herkömmlichen Sinne zu verzichten; wichtiger war aber die Signalwirkung, die von ihrer Entscheidung ausging: Eine Frau wie Brigitte Bardot fand für ihren Entschluß so gut wie keine Unterstützung, nicht einmal ein Mindestmaß an Respekt. Die Art, wie sie mit ihrem Sohn umging, stellte man in der Öffentlichkeit als gefühllos und schroff dar. Simone de Beauvoir dagegen signalisierte nach außen, daß ein erfülltes weibliches Leben auch ohne Familie und Kinder möglich sei. Ihr Erfolg als Schriftstellerin machte sie zunehmend unerreichbar für plumpe Kritik, obwohl es Rezensenten an spitzen Bemerkungen nie fehlen ließen.

Beide Frauen gründeten anstelle einer bürgerlichen Kleinfamilie jeweils eine Wahlfamilie, bestehend aus Freundinnen und Freunden, Geliebten und Geistesverwandten. Aus Brigitte Bardots Wunsch nach stabilen Bindungen entwickelte sich allerdings während ihrer Zeit als Filmstar nie mehr als eine Entourage aus tüchtigen Agentinnen, Amazonen und stets jünger werdenden Liebhabern. Mit der Ausnahme einiger alter Freunde, die allerdings immer wieder auf Distanz gingen, erwiesen sie sich als nicht besonders beständig. Anders dagegen Simone de Beauvoirs »petite famille«: Fortlaufenden Intrigen, Grabenkämpfen und Eifersüchteleien zum Trotz gelang es ihr, einige wenige Menschen um sich zu versammeln, die ihr Schutz und Halt boten. Aber es blieb eine mühsam aufrechterhaltene Geborgenheit, die einen enormen Zeit- und Energieaufwand erforderte. Die erhoffte Aufrichtigkeit der Beziehungen, die nicht familiär hergeleitet, sondern freiwillig geführt wurden, blieb nicht selten auf der Strecke. Die Ausstrahlung, die von dieser Lebensform ausging, war dennoch enorm. Sie schien die Freiheit des Bohemien mit dem Wunsch nach Bindung in Einklang zu bringen und auch die Vorstellungen von Liebe und Freundschaft neu zu definieren. Simone de Beauvoirs engstes Umfeld entsprach bereits in den 50er Jahren genau dem, was die Studentenbewegung und insbesondere die Frauen später forderten: das Private politisch zu machen. So ist es kein Wunder, daß sie zum personifizierten Freiheitsmythos der Frauenbewegung wurde. Eine gewisse Ironie liegt schließlich darin, daß sie, die in all ihren Büchern und Artikeln nicht müde wurde, mit den alten Mythen und Legenden um die Frauen ins Gericht zu gehen, schließlich selbst zur Projektionsfläche wurde.

Dominique gefällt es zunächst, der selbstbewußten, manchmal ein wenig streng klingenden Dame zuzuhören. Aber dann beginnt sie, sich zu langweilen. Vor allem, wenn die Ältere ihr wieder und wieder einzutrichtern versucht, daß frau nur mit Mühe – Mühe! –, das heißt mit viel Fleiß und Selbstbeherrschung, ans Ziel gelange. Da fühlt sich Dominique an den heimischen Küchentisch versetzt, an dem einst der Vater bei

jeder sich bietenden Gelegenheit Ordnung und Disziplin einforderte,
während die Mutter mit zusammengepreßten Lippen dazu nickte. Ab
und zu versucht sie sich zusammenzureißen und der Dame weiter zu-
zuhören, die ihr von ihrem großen Plan erzählt, den sie seit ihrem
15. Lebensjahr verfolgt.

Simone de Beauvoir ging mit bemerkenswerter Zielstrebigkeit ans
Werk. Das Schreiben war ihr nicht nur Beruf, sondern Lebensentwurf. Als Schriftstellerin anerkannt zu werden, bedeutete ihr alles.
Der Weg war lang. Mit fünfzehn hatte sie beschlossen, ihn zu gehen
– erst mit vierzig brachte sie die erste Etappe hinter sich: Sie feierte
ihren ersten großen Erfolg als Autorin von *Das andere Geschlecht*.
Der Erfolg, so lernte sie rasch, war mit Anfeindungen, Schmähungen und verletzender Kritik teuer erkauft. Sie bewegte sich als Frau
auf dem Terrain der Männer. Das Feld der Literatur und der Philosophie zu erobern, bedeutete nach dem Krieg, Deutungshoheit zu
erringen, und diese damals wie heute nicht zu unterschätzende
Macht lag bis dato in den Händen der Männer. Sie versuchte sich
durchzusetzen, es lag ihr viel an ihrer Karriere, sie plante und
kämpfte für sie wie nur wenige Frauen vor ihr.

Brigitte Bardot ahnte mit fünfzehn keineswegs, daß sie mit vierzig
auf eine der bemerkenswertesten Filmkarrieren der Nachkriegszeit
zurückblicken würde, aber eines wußte sie genau: Sie wollte wie
Millionen ihrer Altersgenossinnen dem strengen Regelwerk ihrer
Eltern entkommen. Sie ging planlos vor, aber mit sicherem Instinkt
für das Machbare. Die herbeigesehnte Karriere als Tänzerin stellte
sich bald als unrealistisch heraus, nicht aber eine Zukunft als Schauspielerin. Solange sie dabei die Sehnsüchte und Wünsche der Männer, ihres eigenen inklusive, bediente, ging es immerzu aufwärts.

Es macht einen großen Unterschied, ob der Ruhm mit 22 oder mit
41 Jahren kommt. Brigitte Bardot sagte, erst nach ihrer Karriere als
Schauspielerin sei sie zu sich selbst gekommen. Da war sie 43. Aber
kaum jemand interessierte sich wirklich für ihre Arbeit als Tierschützerin, es sei denn, sie sorgte für das, was man von B.B. kannte
und erwartete: den Skandal. Bis heute ärgert es sie maßlos, wenn die
Medien sie nicht respektvoll behandeln. Die Gesetze des Showbusiness akzeptierte sie nie, denn stets fühlte sie sich als bessere
Tochter aus gutem Hause, die das ganze Theater in Wirklichkeit

nicht nötig habe. Und sie konnte nicht begreifen, warum in der öffentlichen Wahrnehmung der Mythos B. B. mehr Gewicht besaß als der Mensch Brigitte Bardot. Daß sie ihr Leben zwanzig Jahre lang vor den Augen der Öffentlichkeit führen würde, hätte sie anfangs nie für möglich gehalten. Vor ihr gab es kaum Fälle, die ähnlich vorgeführt, beobachtet, bewacht und auf Tritt und Schritt fotografiert wurden wie sie. Schlechtes PR-Management, würde man heute konstatieren, und dabei übersehen, daß Brigitte Bardots Wirkung in den Medien einen weitaus größeren Multiplikator fand als in ihren Filmen. Ihre unverstellte und oft naive Art, mit Journalisten und Fotografen umzugehen, legte ihren wundesten und zugleich stärksten Zug offen: die Illusion, unmittelbar, echt und letztlich »wahr« zu sein. Kluge Regisseure erkannten die Stärke, die in der Unmittelbarkeit des Filmbilds liegt und die eine Frau wie Brigitte Bardot noch verstärkte. Sie versuchten daher nicht, sie in eine fiktive Rolle zu drängen und ließen sie ihre Aura in Figuren entfalten, in denen sie nichts als sich selbst spielte.

Regisseure, Journalisten und Fotografen waren entzückt ob der neuen Möglichkeiten, die B. B. ihnen bot, die Grenzen zwischen Realität und Fiktion zu verwischen. Brigitte Bardot erinnert sich noch heute mit Schrecken daran, wie Louis Malle ihr Leben in »Vie privée« zum Drehbuch machte: »Ich spielte Szenen, die ich im wirklichen Leben schon einmal erlebt hatte«, erzählt sie dreißig Jahre später in einem Interview. »Und es war etwas Unanständiges dabei, es auf der Leinwand noch einmal zu erleben. Es war seltsam. Es hat mich sehr belastet.« Sie löste sich nie von dem Fluch, den Männer wie Roger Vadim und zahlreiche andere Regisseure, Liebhaber und Verleger über sie ausgesprochen hatten: der unerreichbare Traum verheirateter Männer zu sein. Aber sie zahlte es ihnen heim. Denn die Subversivität, die vor allem die Intellektuellen so sehr an ihr liebten, gehörte tatsächlich zu ihrem natürlichen Repertoire, wenn auch nicht als politische Kategorie. Niemals sah sie sich als Rebellin, sooft sie sich auch als eine solche mißverstanden fühlte. Sie verließ drei Ehemänner, wie es schien, ohne mit der Wimper zu zucken. Sie ließ sich weder auf eine künstlerische noch auf eine politische Richtung festlegen, vielmehr war sie die erste Protagonistin des *anything goes*. Oft waren jedoch die unkonventionell erscheinenden Entscheidungen Ausdruck einer tiefen Verunsicherung. Die Geburt ihres

Sohnes Nicholas überforderte sie maßlos. Sie vertraute ihrer Arbeit als Schaupielerin ebensowenig wie ihrer Rolle als Frau. Daß sie konsequent genug war, die Filmkarriere zu beenden, wurde im besten Fall noch respektvoll zur Kenntnis genommen. Als sie kurz vor ihrem vierzigsten Geburtstag beschloß auszusteigen und sich den Tieren zu widmen, nahm sie jedoch niemand ernst, denn ein »seriöses« Engagement widersprach ihrem Image als wankelmütiges Vollweib. In den Augen der öffentlichen Meinung begann sie ein richtiges Leben im falschen. Für sie war es das einzig Richtige.

In demselben Alter, mit Anfang Vierzig, begann man Simone de Beauvoir als Schriftstellerin wahrzunehmen. Bis zu ihrem Tod schrieb sie, und ihr Altern war kein Thema in Klatschblättern, sondern Sujet der eigenen Auseinandersetzung in ihren Büchern. Als Schriftstellerin und Intellektuelle hatte sie es leichter, von der Öffentlichkeit Respekt einzufordern. Es gelang ihr, in ihren Büchern die Grenze zwischen dem Öffentlichen und Privaten zu überschreiten, ohne ihr Leben dem Literaturbetrieb gänzlich zum Fraß vorzuwerfen.

Doch auch wenn die Klingen in den Studierstuben und Redaktionen meist fein waren, so waren sie deshalb nicht weniger scharf. Um sich zu schützen, bildete Simone de Beauvoir einen Kreis von Vertrauten und Ergebenen um sich herum. Und durch ihre schroffe Art Fremden gegenüber schirmte sie ihr Privatleben ab, von dem sie glaubte, nur das preiszugeben, was sie tatsächlich wollte. Zeit ihres Lebens funktionierten die Menschen um sie als Schutzschirme, und selbst heute gibt es noch einige, wie Alice Schwarzer in Deutschland oder ihre Adoptivtochter Sylvie Le Bon in Frankreich, die reflexartig für sie Partei ergreifen, wann immer ihr Name fällt.

Simone de Beauvoir war klug genug, ihrem wichtigsten männlichen Verbündeten, Jean-Paul Sartre, nie die Loyalität zu kündigen, auch wenn ihre Verbundenheit gegenseitige Abhängigkeit bedeutete: Ohne den jeweils anderen hätten sie niemals so leben und vor allem arbeiten können, wie sie es taten. Auch er bot ihr – solange er lebte – Bestärkung und Schutz. Dafür schenkte sie ihm uneingeschränkte Solidarität, manchmal auf Kosten ihrer Selbstachtung. Damit unterschied sich dieses »Königspaar der Intellektuellen« nicht immer von herkömmlichen Mann-Frau-Beziehungen.

Die Geschichte dieser freien Liebe hat Dominique sehr interessiert. Doch schließlich fällt ihr auf, daß sie etwas anderes darunter versteht als diese Dame. Immerhin, daß Beauvoir nicht verheiratet ist, imponiert ihr. Sie hört ihr noch eine Weile zu, dann steht sie plötzlich auf, entschuldigt sich hastig und verläßt ohne eine weitere Erklärung das Café. Simone de Beauvoir ist von diesem unhöflichen Benehmen irritiert, doch gegen ihren Willen hat sie diese junge Frau beeindruckt, auch wenn sie nichts von ihr weiß und ihr Blick merkwürdig leer erschien.

Fünfzig Jahre nach Erscheinen von *Das andere Geschlecht* finden in Deutschland 1999 wissenschaftliche Tagungen statt, und die Zeitungen widmen Simone de Beauvoir Erinnerungskolumnen. Vielfach umgibt sie der milde, weichgezeichnete Heiligenschein, der ihre radikalen feministischen Positionen ebensowenig in Erscheinung treten läßt wie ihren oft widersprüchlichen, keineswegs geradlinigen Lebensentwurf. Alice Schwarzer, ihre noch stets treue Verbündete in Deutschland, veranstaltet im Oktober des Jubiläumsjahres einen Frauenkongreß in Köln, bei dem viele Kämpferinnen von damals ein Wiedersehen feiern. Frauen unter 40 sind nur selten auszumachen. Die Girlie-Generation hält sich für befreit, andere glauben sich lächerlich zu machen, wenn sie von der Unterdrückung der Frauen reden. *Der Spiegel* macht im November 1999 gar eine neue Frauenbewegung aus, die sich in erster Linie auf erfolgreiche Managerinnen und Unternehmerinnen gründet, die den Männern bei der Arbeit die Stirn bieten. Den Männern wie den Frauen sind die Koordinaten der Geschlechterkriegs inzwischen bekannt. Verschwunden sind diese noch lange nicht. Es zeigt sich, daß die scheinbar erfolgreichen Einzelkämpferinnen sich an der sogenannten gläsernen Decke die Nase platt drücken: Weniger als vier Prozent Frauen nehmen in deutschen Unternehmen eine Führungsposition ein. Mit ideologischen Kämpfen will aber keine mehr in Verbindung gebracht werden – alles ist eine Frage der persönlichen Durchsetzungskraft. Alice Schwarzer baut dagegen noch immer auf Gemeinschaft und kann nicht glauben, daß die Girlies nichts von den älteren Frauenrechtlerinnen wissen wollen, obwohl diese doch »gerade im besten Kanzleralter sind«.

Die Generation der heute Dreißigjährigen würde auch den Amtsantritt einer Kanzlerin nicht vorbehaltlos als Sieg feiern. Sie haben gelernt, Heldinnen und Helden zu mißtrauen. Ungebrochene Vorbilder vom Kaliber einer Simone de Beauvoir oder Brigitte Bardot kennen sie nicht mehr. Die Stars von heute werden perfekt inszeniert, haben keine Botschaft und werden vom Publikum immer als das wahrgenommen, was sie sind: konsumfähige Ware, hinter der eine Person steht, die mit ihrem Image ihren Lebensunterhalt verdient.

Die Intellektuellen haben längst ihre Deutungsmacht verloren, und die Entideologisierung geht für die Revoluzzer von einst mit Enttäuschung und Ernüchterung einher; wo keine Bewegung mehr zu sichten ist, braucht es keine Anführer und Anführerinnen: Schlechte Zeiten für Vorbilder. Gute für Lebenskünstler, die sich nur noch ironisch auf die ideellen Angebote der Warengesellschaft beziehen, und ansonsten im privaten Umkreis, im Beruf und in der Familie ihre Zugehörigkeit verorten. Das Universum der Ikonen hat sich differenziert. Die Frauenbewegung setzt auf Detailarbeit und findet nur schwer einen gemeinsamen Nenner, geschweige denn eine unumstrittene Anführerin. Stars liefern ebenfalls nur noch Orientierung bei Detailfragen: Ein paar Sätze aus dem Repertoire von Schwester S., das Top von Madonna, als beste Freundin Arabella. Frau findet sich zu einzigartig, um nur noch eine einzige Ikone anzubeten.

Im Rückblick hat die Widersprüchkeit im Leben von Brigitte Bardot und Simone de Beauvoir viel von der Sprengkraft verloren, die sie noch in den 60er Jahren besaß, als Frauen und Männer sich daranmachten, die Ordnung der Welt täglich neu zu denken. Die großen Entwürfe von damals sind heute diskreditiert und damit auch viel von dem Sendungsbewußtsein, das eine Frau wie Simone de Beauvoir ausstrahlte.

Brigitte Bardot fasziniert dagegen nach wie vor – allerdings nur in ihren Filmen, weil sie sich dort allen Rollen, allen Botschaften gegenüber resistent zeigt. Wenn man sie sich heute wieder anschaut, findet man den Beweis für die unvergängliche Macht der Bilder.

Zeittafel

9. Januar 1908	Simone de Beauvoir wird in Paris geboren.
1926	Simone de Beauvoir beginnt ihr Studium an der Sorbonne.
1929	Simone de Beauvoir trifft Jean-Paul Sartre. Ihre Freundin Zaza stirbt.
1931	Simone de Beauvoir tritt ihre erste Stelle als Lehrerin in Marseilles an.
28. September 1934	Brigitte Bardot wird in Paris geboren.
1938	Simone de Beauvoir beginnt mit dem Schreiben ihres Buches L'Invitée.
14. Juni 1940	Die deutsche Wehrmacht marschiert in Paris ein.
1943	Simone de Beauvoirs erstes Buch L'Invitée erscheint.
1945	Les bouches inutiles, Simone de Beauvoirs erstes Theaterstück, wird aufgeführt.
1947	Simone de Beauvoir besucht die USA und lernt Nelson Algren kennen.
	Brigitte Bardot nimmt Ballettunterricht bei Boris Kniazeff.
1949	Brigitte Bardot erscheint auf dem Titel von Elle.
	Simone de Beauvoirs Studie über die Frau, Le Deuxième Sexe, wird veröffentlicht.
1950	Simone de Beauvoir beendet die Beziehung zu Nelson Algren.
	Brigitte Bardot versucht zum ersten Mal, sich das Leben zu nehmen.
1952	Brigitte Bardot spielt ihre erste Filmrolle in »Le trou Normand«.
20. Dezember 1952	Brigitte Bardot heiratet Roger Vadim.
1953	Simone de Beauvoir beginnt eine Beziehung mit Claude Lanzmann.

	Brigitte Bardot wird auf dem Festival von Cannes von den Fotografen entdeckt.
1954	Für Les Mandarins erhält Simone de Beauvoir den Prix Goncourt.
1956	Brigitte Bardot spielt die Juliette in »Et Dieu créa la femme« und wird zum internationalen Filmstar.
6. Dezember 1956	Brigitte Bardot läßt sich von Roger Vadim scheiden.
1958	Der erste Memoirenband Memoires d'une jeune fille rangée von Simone de Beauvoir erscheint. Sie beendet ihre Beziehung zu Claude Lanzmann.
	»En Cas de Malheur« kommt in die Kinos.
1959	Simone de Beauvoir protestiert gegen die französische Gewalt in Algerien. Ihr Essay »Brigitte Bardot and the Lolita-Syndrome« erscheint im Esquire.
	Brigitte Bardot heiratet Jacques Charrier.
11. Januar 1960	Brigitte Bardots Sohn Nicholas wird geboren.
1960	Bardot dreht mit Henri-Georges Clouzot »La Vérité«.
12. September 1960	Bardot begeht einen zweiten Selbstmordversuch.
	La force de l'âge, der zweite Memoirenband von Simone de Beauvoir, erscheint.
1961	Louis Malle nimmt das Leben seiner Hauptdarstellerin Brigitte Bardot als Vorlage für »Vie privée«.
1962	Brigitte Bardot läßt sich von Jacques Charrier scheiden.
	Zum ersten Mal protestiert sie öffentlich – und erfolgreich – gegen grausame Schlachtmethoden in Frankreich.
1963	La force des choses, der dritte Memoirenband von Simone de Beauvoir, erscheint.
	Brigitte Bardot spielt unter der Regie von Jean-Luc Godard in »Le Mépris«.
1965	Brigitte Bardot spielt an der Seite von Jeanne Moreau in Louis Malles »Viva Maria«.
8. Juli 1966	Brigitte Bardot heiratet Gunter Sachs in Las Vegas.
1966	Simone de Beauvoir reist mit Sartre in die UdSSR und nach Japan.
1967	Simone de Beauvoir bereist mit Sartre den Nahen Osten.
1968	Studentenunruhen in Paris
1969	Brigitte Bardot läßt sich von Gunter Sachs scheiden.
1971	Simone de Beauvoir unterschreibt das »Manifest der 343« und bezichtigt sich damit der illegalen Abtreibung. Brigitte Bardot unterzeichnet nicht, spendet aber Geld.
1972	Tout compte fait, der vierte Memoirenband von Simone de Beauvoir, erscheint.

1973	Brigitte Bardot beendet ihre Karriere als Schauspielerin.
1974	Simone de Beauvoir wird Vorsitzende der französischen Frauenrechtsliga.
1975	Simone de Beauvoir erhält den Jerusalempreis.
	Brigitte Bardot beginnt eine Beziehung mit dem Bildhauer Miroslav Brozek, die viereinhalb Jahre dauert. Sie beginnt ihre Memoiren zu schreiben.
1976	Brigitte Bardot startet ihre erste Kampagne gegen die Tötung von Robbenbabys in Neufundland. Sie gründet ihre erste Stiftung, die kurze Zeit später wieder geschlossen wird.
15. April 1980	Jean-Paul Sartre stirbt.
1981	Simone de Beauvoir veröffentlicht ihre Aufzeichnungen und Interviews zu ihrer letzten Zeit mit Sartre, La céremonie des adieux.
1983	Simone de Beauvoir gibt die Briefe Sartres stark gekürzt heraus.
14. April 1986	Simone de Beauvoir stirbt.
	Brigitte Bardot gründet die »Brigitte-Bardot-Stiftung zum Schutz der Tiere« und verkauft dafür einen Großteil ihres persönlichen Besitzes.
16. August 1992	Brigitte Bardot heiratet Bernard d'Ormale, ehemaliger Mitarbeiter des rechtsextremen Politikers Jean-Marie Le Pen.
1996	In Frankreich erscheinen die Memoiren Brigitte Bardots, Initiales B. B.
1998	Brigitte Bardot wird wegen Aufrufs zum Rassenhaß zu einer Geldstrafe verurteilt.
1999	Brigitte Bardot feiert ihren 65. Geburtstag. Es erscheint der zweite Band ihrer Memoiren, *Le Carré de Pluton*, der ihr Leben als Tierschützerin beschreibt.
	Zum 50. Geburtstag von *Das andere Geschlecht* werden weltweit Simone-de-Beauvoir-Tagungen veranstaltet.

Literatur

Brigitte Bardot
Autobiographische Schriften
Bardot, Brigitte: *B. B. Memoiren*, Bergisch Gladbach 1996
Bardot, Brigitte: *Le Carré de Pluton*, Paris 1999
Über Brigitte Bardot
French, Sean: *Brigitte Bardot. Eine Bildbiografie*, München 1995
Frischauer, Willi: *Brigitte Bardot. An intimate biography*, London 1978
Roberts, Glenys: *Bardot. A personal biography*, London 1985
Haining, Peter: *Brigitte Bardot*, Herford 1984
Robinson, Jeffrey: *Bardot. An intimate Portrait*, New York 1995
Vadim, Roger: *Memoires of the devil*, Hutchinson 1976
Simone de Beauvoir
Autobiographische Schriften
De Beauvoir, Simone: *Memoiren einer Tochter aus gutem Hause*, Reinbek 1968
De Beauvoir, Simone: *In den besten Jahren*, Reinbek 1969
De Beauvoir, Simone: *Der Lauf der Dinge*, Reinbek 1970
De Beauvoir, Simone: *Alles in Allem*, Reinbek 1976
De Beauvoir, Simone: *Die Zeremonie des Abschieds*, Reinbek 1986
Briefe
De Beauvoir, Simone: *Briefe an Jean-Paul Sartre*, 2 Bände, Reinbek 1998
De Beauvoir, Simone: *Eine transatlantische Liebe. Briefe an Nelson Algren 1947–1964*, Reinbek 1999
Sartre, Jean-Paul: *Briefe an Simone de Beauvoir*, 2 Bände, Reinbek 1984
Studien und Essays
De Beauvoir, Simone: *Das andere Geschlecht. Sitte und Sexus der Frau*, Reinbek 1968
De Beauvoir, Simone: *Das Alter*, Reinbek 1977

De Beauvoir, Simone: *Brigitte Bardot and the Lolita Syndrome, Esquire,* August 1959, S. 32f (*Brigitte Bardot – Ein Symptom,* in: *FAZ,* 12. September 1959)

Über Simone de Beauvoir

Bair, Deidre: *Simone de Beauvoir – Eine Biografie,* München 1990

Francis, Claude u. Gontier, Fernande: *Simone de Beauvoir – Die Biografie,* Weinheim und Berlin 1986

Galster, Ingrid: *Simone de Beauvoir zwischen Heiligenverehrung und Muttermord,* in: *Feministische Studien,* Nr. 1, 1997

Madsen, Axel: *Jean-Paul Sartre und Simone de Beauvoir. Die Geschichte einer ungewöhnlichen Liebe,* Düsseldorf 1980

Moi, Toril: *Simone de Beauvoir. Die Psychographie einer Intellektuellen,* Frankfurt/Main 1996

Van Rossum, Walter: *Simone de Beauvoir und Jean-Paul Sartre. Die Kunst der Nähe,* Berlin 1998

Schwarzer, Alice: *Simone de Beauvoir. Rebellin und Wegbereiterin,* Köln 1999

Von Soden, Kristine (Hrsg.): *Simone de Beauvoir,* Berlin 1989

Allgemein

Benstock, Shari: *Women of the Left Bank,* Austin 1986

Christadler, Marieluise u. Hervé, Florence (Hrsg.): *Bewegte Jahre – Frankreichs Frauen,* Düsseldorf 1994

Morris, France: *Paris Post War. Art and existenzialism 1945–55,* London 1993

Schwarzer, Alice: *So fing es an,* Köln 1981

Webster, Paul u. Powell, Nicholas: *Saint Germain des Prés. French Post War Culture from Sartre to Bardot,* 1984

Weiss, Andrea: *Paris war eine Frau. Die Frauen von der Left Bank,* Dortmund 1996

Bildnachweis

S. 18 Ullstein Bildarchiv; S. 22 Ullstein/dpa; S. 57 Ullstein Bildarchiv; S. 65 Ullstein Bildarchiv; S. 91 Ullstein Bildarchiv/Herzog; S. 95 Ullstein Bildarchiv; S. 122 Ullstein Bildarchiv; S. 125 Ullstein Bildarchiv; S. 148 Ullstein Bildarchiv; S. 154 Ullstein Bildarchiv/Camera Press Ltd.; S. 165 Ullstein Bildarchiv/Engelmeier

Danksagung

Ich danke meinen Freundinnen und Freunden in Berlin, und ich danke besonders Claudio Gallio.

Nathalie Hillmanns

GegenSpieler

Tom Levine

Lady Di – Königin Elisabeth

Band 14494

Beide wuchsen in der arrangierten Leichtigkeit des Seins auf, und ihr Lebensweg schien vorherbestimmt: *Elisabeth Alexandra Mary von York* kam »nur« als Tochter eines jüngeren Bruders des künftigen Thronanwärters auf die Welt. *Diana Spencer* als drittes Mädchen einer unglücklichen Ehe, die nur noch auf einen männlichen Stammhalter hoffte. Jahrzehnte später treffen Elisabeth und Diana in völlig veränderten Rollen aufeinander: Königin die eine, designierte Thronfolgergattin und Schwiegertochter die andere. Rasch werden die unterschiedlichen Lebens- und Rollenverständnisse der beiden Frauen deutlich: Hier rigorose Pflicherfüllung und absolute Verschwiegenheit als Ziele an sich, dort glamouröse Prominenz und mediale Inszenierungen als Plattformen für mehr. Jede für sich wird eine ebenso absolute wie endgültige Verkörperung gesellschaftlicher Paradigmen und Phantasien – Fixpunkte im Koordinatensystem kollektiver Welterfahrungen. Tom Levine, Journalist in London, hat sich auf die Spuren zweier bemerkenswerter Frauenleben und ihres Konfliktes begeben – Tradition gegen Moderne.

Fischer Taschenbuch Verlag

fi 9003 / 2

GegenSpieler

Georg Diez

Beatles – Rolling Stones

Band 14469

»Wir machen aus euch genau das Gegenteil dieser netten, sauberen, ordentlichen Beatles«, hatte den Rolling Stones ihr 19jähriger Manager Andrew Loog Oldham einmal versprochen: »Und je mehr die Eltern euch hassen werden, desto mehr werden euch die Kids lieben.« 1964 war dann der Sommer, als jeder ernstzunehmende Teenager sich und anderen eine grundsätzliche Frage zu beantworten hatte. Und die Frage des Sommers 1964 war eine Frage des Charakters: »Bist du *Beatles* oder bist du *Rolling Stones*?« Dabei war die Konkurrenz zwischen den Beatles und den Stones bereits eine klassische popmoderne Arbeitsteilung. Im Spannungsfeld dieser beiden entscheidenden Pole konnte die Jugend und mit ihr die Popkultur in den Sechzigern ihren Eroberungszug antreten. Andy Warhol, selbst ein Hauptstratege dieser Revolution, hat es auf den Punkt gebracht: »Die Gegenkultur, die Subkultur, Pop, Superstars, Drogen, Licht, Discotheken – was auch immer mit ›jung-und-dabeisein‹ zu tun hat, das begann wohl damals.« Der Pop- und Kulturjournalist Georg Diez erweckt das Jahrzehnt zum Leben, in dem alles anfing: die wilden Sechziger.

Fischer Taschenbuch Verlag

fi 9002 / 2

GegenSpieler

Karl Drechsler

John F. Kennedy – Nikita Chruschtschow

Band 14158

Beide traten das jeweils höchste Amt ihres Landes mit dem Versprechen an, für innenpolitische Reformen und soziale Versöhnung einzutreten. Das Kind einer wohlhabenden Ostküsten-Familie verkörperte wie kein anderer US-Präsident vor ihm den amerikanischen Traum – jung, liberal und engagiert. Der Sohn eines Grubenarbeiters im zaristischen Rußland formulierte als Erster Sekretär des Zentralkomitees der KPdSU die kommunistische Verheißung nach dem Stalin-Terror neu – selbstbewußt, temperamentvoll und geradlinig. Doch *John F. Kennedy* und *Nikita Chruschtschow* standen vor allem an der Spitze weltweit rivalisierender Systeme – und somit einander gegenüber: schwerbewaffnet und die eigenen Einflußsphären fest im Auge. Sie trugen die Verantwortung dafür, daß die Welt im Verlauf der Kubakrise am Abgrund eines Atomkrieges stand. Der Historiker Karl Drechsler hat dieses Duell aus der Hochzeit des Kalten Krieges neu inszeniert.

Fischer Taschenbuch Verlag